Lothar Röhrig · **Polizei** - ein zweites Curriculum

Lothar Röhrig, 1946 in Hamm geboren, machte eine Lehre als Buchdrucker, studierte Verwaltungsrecht und später Psychologie. 1996 promovierte er an der Universität Essen. Er absolvierte zahlreiche Ausbildungen, unter anderem in den Bereichen Verhaltenstraining, Konflikt- und Problemmanagement, Stressbewältigung, Supervision Er arbeitete unter anderem als Psychologielehrer, Trainer, QMA, QMB, Supervisor, Dozent, Mediator, Coach und Therapeut. Seit 1994 war er als Qualitätsmanager bei der Polizei Nordrhein-Westfalen tätig. Zurzeit arbeitet er als Berater, Therapeut, Mediator und Konfliktmanager.

Lothar Röhrig

POLIZEI

ein zweites Curriculum

FSC
www.fsc.org
MIX
Papier aus verantwortungsvollen Quellen
Paper from responsible sources
FSC® C105338

Herstellung u. Verlag: BoD - Books on Demand, Norderstedt
Printed in Germany
ISBN 9783741253072

Inhaltsverzeichnis

Widerstand und Gewalt gegen die Exekutive

Es gibt viele Gewalt- und Aggressionstheorien. Sie beschreiben Ursachen, die in der Person liegen, die sich aus der Situation ergeben und solche, die mit Erziehung und Kultur zusammenhängen. Es gibt aber eine relativ unbekannte Ursache, die mit der Ausprägung des *Sicherheitsgefühls* zusammenhängt. Es soll hier nur dieser Teil dargestellt werden.

Dazu müssen wir uns zunächst daran erinnern, dass Führungs- und Herrschaftsansprüche seit Jahrtausenden angemeldet werden. Dieses alte Motiv für und über andere bestimmen zu wollen, hat seine Hauptwurzel im angeborenen Dominanzstreben und der damit verbundenen höheren Genfitness. Mit anderen Worten, Könige, Fürsten und andere Führer haben immer bessere Möglichkeiten gehabt, für sich und ihren Nachwuchs zu sorgen. Deshalb ist es kein Wunder, die meisten Menschen wollen Chef sein. Das hat nur einen unangenehmen Nachteil: Die anderen „Bewerber“ müssen überzeugt werden, dass es besser für sie ist, sich unterzuordnen. Die erfolgreichste Strategie ist dabei, zu drohen und Versprechungen zu machen. Deshalb werden attraktive Dinge versprochen, wenn sich die anderen unterordnen und Böses wird geschehen, wenn die Unterordnung abgelehnt wird. Es hat sich nicht geändert. Das ist auch heute noch die Hauptstrategie der Politiker. Sie drohen, schimpfen und versprechen. Und tatsächlich fügen sich die allermeisten Menschen und „unterwerfen“ sich freiwillig. Sie glauben den Versprechungen und wollen in Sicherheit leben und angstfrei ihre Fähigkeiten und Kreativität ausleben. Sie gehen, wenn man so will, einen Vertrag ein:

Ich unterwerfe mich – dafür sorgst du für Sicherheit und Angstfreiheit.

Ich ordne mich unter, werde dafür aber vor Unheil beschützt. Damit hat die Polizei direkt etwas zu tun. Man kann leicht erkennen, dass das viel beschworene *„Sicherheitsgefühl des Bürgers“* kein Modegeck oder nur das Ziel des Ministeriums ist, es ist ***unauflösbare Vertragsbedingung***. Es entscheidet über Akzeptanz und

Widerstand. Eine Polizei, die den Rückhalt in der Bevölkerung verloren hat, wird hilflos und unwirksam. Das sollte Jedem klar sein. Denn wenn dieser Vertrag einseitig nicht eingehalten wird, also das Sicherheitsgefühl subjektiv nicht ausreicht, wird auch die freiwillige Unterordnung in Frage gestellt. Zunächst mehrt sich der Unmut über vermeintliche Untätigkeit. Dann werden Maßnahmen kritisiert, diskutiert und immer häufiger nicht mehr akzeptiert und endlich sogar Einsatzkräfte behindert, beschimpft und angegriffen. Leider kann die Exekutive nur einen Teil des Sicherheitsgefühls beeinflussen. Sie können Präsenz zeigen, sich offensiv anbieten und helfen (also nicht aus Überlastung abwimmeln). Die Aufklärung der Bevölkerung und eine zielgerichtete Öffentlichkeitsarbeit haben eine wichtige Sonderrolle. Es fühlen sich z.B. viele Gruppen unsicher, die statisch gesehen gar keinen Grund dazu hätten usw. Der Rest ist eine gesellschaftspolitische Aufgabe, bei der die Polizei wenig ausrichten kann.

Damit nicht genug:
1. Vergessen haben wir bei dieser Betrachtung noch die Menschen, die sich von vornherein nicht unterordnen wollten. Sie vertrauen nicht, müssen aber sehr konkret damit rechnen, dass ihnen jetzt auf verschiedenen Ebenen Gewalt, Aggression und Sozialisationsbemühungen entgegentreten, auch von Seiten der Polizei. Das kann bis zu offenem Hass gehen. Sie misstrauen jedem staatlichen Handeln und versuchen auch Widerstand gegen polizeiliche Maßnahmen zu leisten.

2. Jeder Polizist weiß es, auch Menschen mit positiven Einstellungen zur Staatsgewalt schwenken sehr schnell um, wenn die Maßnahmen sich gegen sie persönlich richten. Das ist psychisch gesehen ziemlich normal: „Ich bin ja der Gute, deshalb soll die Polizei sich gegen die wirklichen Störenfriede wenden." In solch einem Fall hilft nur sehr kompetente Einsatzkommunikation[1].
3. Die Polizei soll die Staatsgewalt vertreten und notfalls auch anwenden. Dabei wäre es sehr klug, daran zu denken, dass jede Gewaltanwendung einen <u>völlig</u> <u>natürlichen</u> Widerstand auslöst. Die

[1] Fehler beim Einschreiten von Polizeibeamten, -8. Kapitel

Behinderung von Verhaltensbedürfnissen frustrieren jeden Menschen. Die meisten sind aber durch ihre Erziehung zur Zurückhaltung angehalten. Wir wissen aber alle, dass das immer weniger funktioniert. Die neuen Generationen haben viel weniger Hemmungen, den aufkommenden Unmut und Frust zu kontrollieren. Der Unmut richtet sich aber nicht gegen den Staat oder die Polizei (auch nicht persönlich gegen den einschreitenden Polizeibeamten), sondern gegen den Zwang der Maßnahme.

4. In Anbetracht der aktuellen Terrorlage fragen sich viele Menschen, wie es zu so viel Grausamkeit und Gefühllosigkeit z.B. bei den IS-Leuten kommen kann. Das ist eine sehr schwierige Frage, und die Antwort ist überaus kompliziert, aber im Lebenslauf und in dem Begriff Sicherheit zu suchen. Stark vereinfacht kann man sich schrittweise folgendes klarmachen: Zunächst muss ein Neugeborenes nach dem ersten Jahr ein sicheres Gefühl abgespeichert haben, dass es geborgen ist und keine Angst haben muss. Andernfalls wird es ein Urmisstrauen abspeichern und zukünftig so gut wie kein Vertrauen mehr in die Menschen und in die Gesellschaft investieren wollen. Solche Menschen können nicht delegieren oder geschehen lassen. Lebenserfahrene kennen das.

Bis zum 8. Lebensjahr muss beim Heranwachsenden das Gefühl entstanden sein, dass er so wie er ist, gewollt, geachtet und gewertschätzt wird. Leider ist das schon in unserem eigenen Kulturkreis nicht ausreichend gewährleistet. Nahezu die Hälfte aller „modernen" Kinder empfinden in dieser Phase einen Mangel, der Langzeitschäden auslöst[2]. Sie hören immer wieder: „ Du bist nicht ok, ändere dich." Wer hat schon genau die Kinder, die man idealerweise haben möchte. Jemand, der aber irgendwann glaubt, dass er wirklich nicht richtig ist, also keine Sicherheit empfindet, sondern Angst und Unsicherheit, wird sich nicht ändern, sondern sich zurückziehen, verlogene Rollen spielen, um Zuneigung buhlen, destruktiv, egoistisch, gewalttätig und rücksichtslos werden und möglicherweise darüber nachdenken, Rache zu nehmen, andere zu dominieren, und ihnen die Schuld zu geben, sie für seine

[2] Verschiedene narzisstische Störungen entstehen so.

egoistischen Zwecke ausnutzen und Gewalt antun. Er wird mindestens so handeln, wie er behandelt worden ist. Mit anderen Worten:

Ablehnende Gewalt bringt neue Gewalt hervor.

Ablehnungen, Aggression und Verletzung warten auf Rache. Es entsteht ein gesellschaftsschädlicher Teufelskreis, den wir täglich beobachten können und leider auch immer mit Nahrung versorgen.

Ist in dieser Zeit und die Jahre danach die Ablehnung und Ausgrenzung dauerhaft sehr stark (durch eigenes Verhalten, auch durch Aussehen und zur Schau gestellten Gruppenzugehörigkeit und Religion) oder ist es aussichtslos, einen Beruf zu erlernen, einem Sinn nachzugehen, wird die damit verbundene tiefsitzende existenzielle Angst abgespalten und nicht mehr aktuell zugelassen. Trotzdem bleibt dieses resultierende Unsicherheitsgefühl bestehen und schlägt leider häufig in Aggression um.

Begierig wird dann jede Idee und Gelegenheit aufgesogen, eine außergewöhnliche Bedeutung zu haben oder auserwählt oder etwas Besonders zu sein. Verschiedene Ideologien bieten sich dafür an. Das Tragische ist, es erfüllt die latenten Bedürfnisse nahezu vollständig und das Unrechtsbewusstsein[3] bleibt dabei weitgehend ausgeschaltet. Es ist ja alles für einen edlen Zweck. So sind unbeschreibliche und unmenschliche Grausamkeiten plötzlich möglich und kaum einer versteht es.

Über längere Zeit verändern sich sogar die „normalen" Haltungen. Die Polizisten werden dann als die Banditen und Gegner wahrgenommen. Diskussionen und polizeiliche Interventionen sind ab dann völlig unsinnig, weil sie sogar das Gegenteil erreichen werden. Es muss deshalb alles vorher geschehen. Die Polizei ist leider mit im Boot, ob sie will oder nicht. Je eher wir begreifen und reagieren, desto besser wird die Zukunft. Wir werden sehen.

---

[3] Synonym = Gewissen

Prozent- Sharing

Effizienzsteigerung und Identifikationsstärkung durch Personalrotation

Eine sozialwissenschaftliche Fakultät hat zu einer Tagesveranstaltung mit dem Thema „Zeitgerechtes Personalmanagement" eingeladen. Aus vielen Organisationen sind die Fortbilder und Personalmanager erschienen, um den Einzelvorträgen und Diskussionen zu folgen. Nach der Begrüßung gibt der Veranstalter einige Hinweise zum Programm und zeigt die ersten Ergebnisse des Teilnehmerfragebogens: „Neunzehn Prozent der Anwesenden haben angegeben, dass in ihrem Unternehmen eine Personalrotation durchgeführt wird, 42% denken über eine Einführung nach, 11% haben sie wieder abgeschafft und 28% haben eine ablehnende Haltung". Das ist eine gute Einleitung für den ersten Referenten. Ein Personalentwickler eines großen Konzerns berichtet über seine Erfahrungen mit der Personalrotation. Nachdem er die guten Leistungen seiner Abteilung und seines Unternehmens kurz dargestellt hat, berichtet er über ein Fünf- und über ein Drei-Jahres-Rotationsmodell für alle neuen Führungskräfte. Auf verschiedenen Folien werden die subjektiven Erfahrungen der Neuen, die Meinungen und Bewertungen der Leitung und allgemeine Einschätzungen der „neuen Führungskompetenz" dargestellt. An Balkendiagrammen und Verteilungskuchen wird gezeigt, dass eine Rotation von drei Jahren Vorteile hat. Es entsteht der Eindruck bei den Zuhörern, dass das ein Erfolgskonzept ist. Das war wohl auch so beabsichtigt. Für die vorgesehene Anschlussdiskussion gibt es keine Wortmeldung. Bewusst humorvoll, aber doch verärgert, versucht der Veranstalter Diskussionsbeiträge zu locken. Schließlich fragt jemand aus der ersten Reihe: *„War das eigentlich Ihr Konzept?"* Erfreut, danach gefragt worden zu sein, berichtet der Redner über die Umsetzungsprobleme seines Konzeptes. Das veranlasst den Fragesteller und seine Nebenleute gut hörbar zu lachen und deutlich vernehmlich zu sagen: *„Dann ist ja auch klar, warum da Positives rausgekommen ist!"* Beifälliges Gemurmel ist zu hören. In einer der hinteren Reihen sagt ein älterer Mann zu seinem Nachbarn: *„Das ist sowieso alles völliger Quatsch. Ich war von*

Anfang an dagegen. Sie müssten sich mal in unserem Unternehmen die neuen Führungskräfte ansehen. Da finden Sie von den tollen Ergebnissen nichts wieder. Alle wissen, dass sie nur für eine begrenzte Zeit eingeplant sind. Sie riskieren nichts. Konzepte, die eine lange Entwicklungszeit haben, werden nicht angenommen. Sie wollen schnellen Erfolg und gute Beurteilungen. Einige sind so opportunistisch, dass Ihnen schlecht werden würde. So kann nichts wachsen".

„Das ist bei uns ähnlich", war die Antwort, *„wenn die Leute einigermaßen zu gebrauchen sind, dann gehen sie meistens schon wieder".* Zwischenzeitlich war nach kurzem Applaus der nächste Redner dabei, seine Erfahrungen mit „Jobrotation" zu beschreiben. Diese waren ähnlich wie beim ersten Redner. Sie gingen aber ein gutes Stück weiter. Es wurde addiert, wie viele Stationen Führungskräfte in seinem Unternehmen durchlaufen müssten, wie viel Zeit und wie viel Kosten das auslöst. Das wurde einer Nutzenschätzung und einer Wirtschaftlichkeitsrechnung unterzogen. Ein Raunen geht durch die Menge. Das Verfahren ist offensichtlich sehr teuer. Das nun folgende ablehnende Resümee wird mit verhaltenem Beifall begrüßt. Ein gut gekleideter älterer Mann tritt an das Raummikro und sagt ziemlich aufgebracht: *„Ich finde die Richtung dieser Veranstaltung deutlich einseitig und ärgerlich. In meinem Unternehmen wird das schon seit der Gründung 1902 grundsätzlich mit großem Erfolg durchgeführt. Ich selbst wurde von meinem Vater so ausgebildet, meine beiden Söhne haben ebenfalls erst alle Abteilungen durchlaufen - von der Pike aus gelernt - jede neue Führungskraft wird nach dem gleichen System auf die Aufgabe vorbereitet. Sonst können die doch gar nicht mitreden, werden nicht akzeptiert und sachgerechte Entscheidungen werden ebenfalls fragwürdig". „Wie haben Sie denn den angeblich großen Erfolg gemessen?"* ruft mit etwas Hohn in der Stimme ein junger Mann dazwischen. Weitere Diskussionsbeiträge sind nicht zu bekommen. Es folgt ein emotionsloser Kurzvortrag über ein völlig anderes Personalentwicklungsmodell ohne Rotation, das besser sein soll. Die Stimmung ist eher schlecht. Dann folgt eine Pause mit einer verhaltenen Diskussion

oder besser mit einer Vielzahl von Einzelstatements. Es besteht offensichtlich wenig Neigung, aufeinander einzugehen oder andere Erfahrungen zuzulassen. Ein Fortbilder einer größeren Polizeiorganisation sagt: *„Rotation ist für viele Spezialgebiete völlig unbrauchbar. Stellen Sie sich einen Sachbearbeiter vor, der sich mit Spurenauswertung beschäftigt. Der ist erst nach ein paar Jahren gut - und dann soll er wechseln? Oder denken Sie an einen Kontaktbeamten eines Bezirks. Wenn der seinen Bezirk begriffen hat, tragfähige Kontakte entstanden sind, sind auch Jahre vergangen. Dann soll ein Neuer ihn ablösen und von vorn anfangen? Selbst Trainer in der Fortbildung haben nach 3-5 Jahren erst eine solide Kompetenz. Dann erst könnten alle profitieren, aber dann soll er ja etwas Neues machen. So ein Blödsinn!" „Das ist aber ziemlich speziell, "* entgegnet ein Personalchef, *„wir haben viel mehr Probleme mit nachlassenden Leistungen und sich verschlechternden Motivation über die Jahre. Es lässt irgendwie nach. Bedingungslose Kundenzuwendung und Kundenzufriedenheit bekommen Sie mit langjährig Etablierten nicht hin, die werden zu Altlasten."*

Glücklicherweise folgt nach der Pause ein gekonnter und selbstsicherer Vortrag eines Professors der Organisationspsychologie. Er berichtet von verschiedenen Modetrends auf diesem Gebiet und zeigt dabei jeweils die Unabhängigkeit von Forschungsergebnissen. Die Effekte von Teamförderung, von Zeitmanagement, von grundsätzlicher Rotation usw. scheinen schlecht messbar oder wenig erfolgversprechend zu sein. Erstaunlich sei allerdings die Beharrlichkeit solcher Modeströmungen. Negative Forschungsergebnisse haben danach offensichtlich keinen Einfluss auf die Lebenszeit und Motivation für die Umsetzung solcher Konzepte. Irgendwann schlafen diese Trends von ganz allein wieder ein. Manchmal kommen sie aus unerfindlichen Gründen nach mehreren Jahren wieder. Es folgt ein Plädoyer möglicher und sinnvoller Messmethoden und der deutliche Appell mit der Subjektivität Schluss zu machen, zu messen und abzusichern. Als Minimaldatensatz wird empfohlen (Damit ist auch Kundenzufriedenheit abgegriffen):

Arbeitszufriedenheit
Kosten
Qualität.

Beifall folgt und viele Fragen nach konkreten Messmethoden. Der zweite Teil des Vortrags beschäftigt sich mit Hintergründen von Rotationswünschen. Drei Thesen mit entsprechender Begründung sollen endlich eine Diskussion auslösen und mehr Tiefgang erzeugen.

1. Vorgesetzte müssen umso mehr Kenntnisse über andere Abläufe haben, je weniger sie die Mitarbeiter beteiligen wollen.
Werden Mitarbeiter bei der Zielfindung und bei Veränderungen ausreichend und partnerschaftlich einbezogen, sind genaue Kennnisse über Einzelheiten entbehrlich, weil sie sowieso durch den Stil und durch die Qualität der Beteiligung berücksichtigt werden. Es fehlt nichts. Dann ist eine Rotation wenig sinnvoll und viel zu teuer und ineffizient.

2. Vorgesetzte müssen umso mehr Kenntnisse über andere Abläufe haben, je weniger sie vertrauen können.
Um dem Misstrauen zu entgehen, um nicht hintergangen oder an der Nase herumgeführt zu werden, um gut von schlecht sicher unterscheiden zu können, sind viele und möglichst bessere Kenntnisse erforderlich. Es entsteht zuzusagen eine Art Zwang. Dieser verursacht nebenbei auch noch ein sehr starkes Bedürfnis nach Informationen. Der Vorgesetzte muss über alles und jeden informiert werden, sonst fühlt er sich unwohl. Delegation ist nur mit ständigen Kontrollen und Diskussionen möglich. Von diesen Personen wird eine Rotation sehr positiv gesehen und erfüllt einen Teil nicht eingestandener Bedürfnisse. Sie tragen natürlich bei Diskussionen andere (rationalisierte) Begründungen vor, nicht ihre Schwierigkeiten zu vertrauen.

3. Das dahinter liegende Menschenbild ist das des unvollkommenen und unselbstständigen Mitarbeiters, der zur Arbeit angehalten werden muss und der ohne Vorgesetzte wenig leistet und eine schlechte Qualität herstellt.

Damit wird gleichzeitig impliziert, dass das für Vorgesetzte nicht gilt, dass es zwei verschiedene Gruppen gibt. Dieses Menschenbild widerspricht den Erkenntnissen. Es spricht sehr viel für das Gegenteil. In den modernen Unternehmen lösen die amtierenden Führungskräfte erheblich mehr Probleme, Unwirtschaftlichkeit und unnötige Kosten aus als Mitarbeiter. Mit einer rotierenden Ausbildung oder ähnlichen Beschäftigungswechseln wird dieses Phänomen nur verstärkt. Das ist ein schlechter Ratschlag.

Nach diesen forschen Thesen folgt endlich eine angeregte Diskussion. Allerdings beschäftigten sich beinahe alle Beiträge damit, dass Vorgesetzte oder nun besser „Führungskräfte" so nicht seien. Sie „haben" Vertrauen und die besten Führungsstile. Erfahrung sei eigentlich unabhängig, ein Wert für sich, den man nicht zerreden solle.

Neue Erkenntnisse stellen sich nicht ein.

Von Weiterentwicklung oder Wachstum ist bis auf einen Versuch nichts zu merken: „Wie wir gehört haben, haben beide Systeme, Job-Rotation und langjähriges Verbleiben, Vor- und auch Nachteile. Warum wird nicht nach einer Möglichkeit gesucht, beides zu verbinden. Beim aktuellen Wahlsystem haben wir auch durch die Kombination wesentliche Nachteile der einzelnen Arten unwirksam gemacht. Das muss doch hier auch möglich sein." Eine verhaltene Zustimmung und die hilflose Suche nach solchen Ansätzen beendete die Veranstaltung.

Gibt es solche kombinierten Systeme?

Ja, es ist das Prozent - Sharing (zum besseren Verständnis wird ein Beispiel beschrieben, Anpassungen an Organisation, Formen und

Unternehmenskultur sind natürlich notwendig) So könnte ein Beispiel aussehen

Stellen Sie sich eine Polizeibehörde vor. Nach einem Leitungsentschluss, den jeder zur Kenntnis genommen hat, werden alle Personen in ihre Planstelle neu eingewiesen - allerdings nicht zu 100%, sondern nur zu 95 Prozent! (andere Aufteilungen sind natürlich möglich). Das würde bedeuten, dass jeder Mitarbeiter (und Vorgesetzte) ca. einen Tag im Monat nicht in seinem Hauptamt eingeteilt ist. Nach diesem Schritt gibt es eine Vielzahl von Folgemöglichkeiten, z.B. wird verfügt, dass jeder selbst dafür verantwortlich ist, für diesen Tag einen Arbeitsplatz innerhalb der Organisation zu bekommen. Dazu muss er entsprechende Stellen ansprechen und Vereinbarungen treffen. Darüber führt er einen einfachen Nachweis (eine zentrale Steuerung ist erfahrungsgemäß entbehrlich und viel zu aufwendig und teuer). Was wird jetzt neben normalen Widerständen und Debatten passieren?

Zunächst wird überwiegend nach individuellen Bedürfnissen und Neigungen gebucht, z.B.:

Ist meine Wohnung in der Nähe,
Kenne ich dort schon Leute,
Wovon habe ich noch keine Ahnung,
Was mich schon immer interessiert hat.
Ist es ein Bereich, der meine Leistungen und Produkte
weiter bearbeitet,
oder eine Stelle, die ich evtl. als nächste anstrebe usw.

Zu einem späteren Zeitpunkt kommen andere hinzu:

Stellen, die viel Arbeit haben,
die ein aktuelles Problem bearbeiten,
die etwas tun, wo ich auch Gutes einbringen kann
usw.

Es liegen verschiedenste Motive vor. Aber es sind immerhin Motive, im Gegensatz zu Langeweile, fehlendem Interesse und gegenseitige Schuldzuweisungen. Bezogen auf Motivation ist der Bilanzwert von Anfang an positiv. In den ersten Monaten werden einige „Gastarbeiter“ nicht besonders wirkungsvoll eingesetzt werden können. Das ändert sich aber sehr schnell. Der normale abwehrende Einwand, mit den Leuten könne man doch nichts anfangen, ist nicht wegzudiskutieren, sondern nur abzuarbeiten und zu erproben. Selbst wenn der Neue sich nur ans Telefon setzt und „Stallwache“ hält, kann der so wichtige und unverzichtbare Sachbearbeiter einen Tatort aufnehmen oder andere wichtige Dinge erledigen. Damit ist an Produktivität gewonnen. Beim nächsten Mal aber wird der Neue mit dieser Regelung nicht zufrieden sein und eine andere Variante anstreben. Es wird wachsen und sich entwickeln oder dieser Bereich wird keine Sharing-Unterstützung mehr bekommen. Schon nach kurzer Zeit ist hinsichtlich der Gesamtproduktivität mehr als der alte Stand erreicht. Die Menschen suchen sich langfristig das, was den höchsten Nutzen hat und die meisten Streicheleinheiten auslöst.

Jedem wird klar sein, dass jetzt automatisch mehr Verständnis entstehen wird für die anderen Bereiche der Organisation. Das ist so, als würden alle zusammenrücken. Ein besseres Wir-Gefühl und mehr Identität stellen sich ein. Fehler- und Interaktionskosten sinken.

Fehlt aber denn nicht der Sharing – Tag?

Das werden zunächst viele vehement vertreten und sie haben aus ihrer Sicht ja auch nicht Unrecht. Außerdem müssen sie das auch so sehen. Sonst würden sie so nebenbei auch noch zugeben, dass sie diesen Tag nichts zu tun hätten. Das geht natürlich nicht und außerdem ist das betroffene Sachgebiet sowieso überlastet. Einschränkend muss natürlich eingestanden werden, dass es schon solche Stellen gibt, wo es brennt, wo ein fehlender Tag Probleme auslösen kann. Bei genauem Betrachten dieser Ausnahmen stellt sich aber häufig heraus, dass das nur für bestimmte Zeitpunkte zutrifft, in denen ein besonderer Arbeitsanfall vorliegt. In der Regel wird nur das passieren, was auch eintreten würde, wenn der betreffende zum Arzt, zum Gerichtstermin oder zum TÜV geht. Er holt die versäumte Arbeit nach oder ein anderer vertritt ihn. Der Tag „fehlt“ so gesehen in der Regel nicht. Auf der anderen Seite schlägt der zu leistende Sharing-Tag auf die positive Seite der Bilanz. Bei einem Unternehmen von 1000 Beschäftigten sind das im günstigsten Fall 40 - 50 Vollarbeitsplätze mehr auf der Habenseite. Das ist in Geld ausgedrückt eine große Menge und aus der Sicht des Personalmanagements ein erstaunlicher Gewinn.

Zählen Sie jetzt einmal zu einem Zwischenergebnis zusammen. Wir haben eine Produktivitätssteigerung, deutlich mehr Verständnis für andere Bereiche, eine höhere Identifikation mit dem Gesamten, eine verbesserte Motivation, mehr Abwechslung (sehr wichtig bei monotonen Tätigkeiten), mehr Arbeitszufriedenheit, weniger Interaktionskosten zwischen den verschiedenen Bereichen und viele andere positive Dinge. Negativ verbuchen müssen wir Mühe, Aufregung, Widerstand und Anfangsprobleme.

Keine Organisationsqualität ist so gut, dass sie nicht formale Probleme auslöst. Mit feinseliger Sorgfalt oder Gleichgültigkeit kann durch Pochen auf Vorschriften und Zuständigkeiten ein enormer Schaden entstehen. Das ist mehr oder weniger überall vorhanden und bekannt. Durch Prozent-Sharing wird die informelle Struktur gepuscht. Man kennt jetzt den einen oder anderen, der Hindernisse wegräumen kann. Feindselige Sorgfalt wird erschwert. Der „Verwaltungspartisan“ hat Probleme, seine Aktionen aufrechtzuerhalten. Andererseits wird weniger übel genommen. Man versteht.

Jetzt tritt die zweite Phase ein. Wirklich überlastete Bereiche gehen jetzt auf die Suche nach geeigneter Unterstützung, werben und sprechen an. Aktueller Spitzenbedarf wird ohne Probleme, ohne Führungsentscheidung und Personalverschiebung abgedeckt.

Damit ist es nicht genug, die stöhnenden, aber wenig ausgelasteten, Bereiche bekommen natürlich auch „Besuch“. Das Stöhnen wird leiser und es werden die tatsächlichen Auslastungsgrade offenkundig. Es wird immer schwerer, anderen in Besprechungen etwas vorzumachen. Nun kann Phase drei eintreten.

Jetzt kann auf aktuelle Probleme unkompliziert und schnell taktisch reagiert werden, in einer Weise, zu der andere Organisationen nicht oder nur mit sehr viel mehr Zeit und unter vielfachen Interaktionskosten und Frust fähig wären. Das kann in der Wirtschaft eine Reaktion auf den Markt oder hier im Polizeibeispiel eine plötzliche Häufung von Wohnungseinbrüchen, eine Grippeepidemie, ein Sondereinsatz oder ein besonderes Output-/Outcome-Ziel sein. Hier genügt ein topdown-Hinweis, die Sharing-Tage für die Zeit X der Abteilung Y zur Verfügung zu stellen. In unserer Beispielorganisation werden damit in einer Woche 250 Frau-Tage rekrutiert. Dafür benötigten sie sonst drei Hundertschaften Reservekräfte. Die könnten noch dazu nicht schnell genug integriert und ohne Vorbereitung nicht sinnvoll eingesetzt werden.

Nach Feinschliff der ersten Phasen und entsprechender Optimierung kann jetzt dazu übergegangen werden, noch flexibler vorzugehen und mehr Freiheit und Eigenverantwortlichkeit zuzulassen. So könnte es sinnvoll sein, dass einige Beschäftigte fünf und andere nur zwei Tage in das System einbringen. Anpassungen an Probleme, an Prozesse, an Qualitätssteuerung und an Individuen sind jetzt möglich.

Ein Generalziel einer Organisation könnte sein: Jeder arbeitet an seinen Zielen und das sind „zufällig“ auch die Ziele der Organisation. Dann gibt es mit Arbeitsunzufriedenheit, ungünstigen Fehlzeitenquoten, Initiative und Motivation keine Probleme mehr. Nur wie kommt man dahin? Eine Möglichkeit besteht jetzt innerhalb des Prozent-Sharing-Systems darin, persönliche (intrinsische) Ziele zuzulassen, zu fördern und zu integrieren. Notwendige Zielergänzungen können akzeptierbarer angehängt werden. Ein wohlabgestimmter Kräfteeinsatz kann eigenverantwortlich erfolgen ohne sonst übliche zusätzliche Interaktionskosten. Der Sachbearbeiter als Produktverantwortlicher ist bedingungslos für die Qualität der

Produkte, Leistungen und Tätigkeiten zuständig und verantwortlich. Qualität kann man nicht hinein prüfen oder durch Führungsgespräche hinein diskutieren, man kann sie nur herstellen. Das passiert am nachhaltigsten und sichersten mit intrinsischer Motivation. Solch ein individuell gesteuertes Qualitätsmanagement ist für jeden Dienstleister absolut notwendig. Die Sharing-Tage sind eine gute Beeinflussungsgröße zur zielorientierten und systematischen Förderung der intrinsischen Motivation und der Eigenverantwortlichkeit für Qualität und Arbeitszufriedenheit. Individuelles wird ernst genommen und erforderlichenfalls durch entsprechende Kräfte unterstützt. Das löst eine innere Bindung und einen Richtungszwang aus, der sich auszahlt und „nichts" kostet.

Es bleibt jetzt nur noch zu erwähnen, dass das Gleiche auch für systematische Qualitätssteuerung und „Partizipatives Leistungsmanagement" (PLM) förderlich und sinnvoll sein wird.

Ausprobieren lohnt.

Geschwindigkeit ist Hexerei

Symptome zu bekämpfen, ist nicht sinnvoll, das weiß jeder. Die Ursache muss beseitigt werden. Auch bei der Bekämpfung von Verkehrsunfällen ist diese Erkenntnis nicht außer Kraft gesetzt. Um die Ursache eines Unfalles zu finden, muss die Frage gestellt werden: Welches „Ereignis“ ist nicht wegzudenken, ohne dass die Unfallfolgen entfallen. Die Suche betrifft also die Abfolge aufeinander bezogener Ereignisse und Zustände. Mit der gleichen Überprüfung kann man im Übrigen auch die Effektivität von Maßnahmen überprüfen.

Beinahe täglich wird eine zu hohe Geschwindigkeit als Ursache von Verkehrsunfällen genannt. Es gibt zwei einfache Wege, diese Behauptung kausal zu überprüfen. (Kausalität zeigt immer eine feste zeitliche Richtung, die von der Ursache ausgeht, auf die die Wirkung folgt.)

1. Liegt noch ein Ereignis vor der angeblich zu hohen Geschwindigkeit? Zur genaueren Beantwortung sollten Zusatzfragen gestellt werden: *Warum ist der Fahrer möglicherweis zu schnell gefahren? Welche Gründe gibt es dafür?* Gibt es nämlich einen Grund, dann ist die Geschwindigkeit keine Ursache, sondern eine Folge. In der Praxis gibt es beinahe immer einen zusätzlichen Grund. Es kann die falsche Einschätzung der Gefahrenlage, die falsche Einstellung zum Verkehr, jugendlicher Leichtsinn, Zeitmangel oder Überforderung sein. Es gibt noch viele weitere Gründe. Die Straße macht einen völlig ungefährlichen Eindruck. Moderne Autos vermitteln ein unrealistisches Sicherheitsgefühl. In all diesen Fällen ist Geschwindigkeit keine Ursache, sondern nur eine wichtige Einflussgröße. Eine solche kausale Sicht wird beispielsweise bewiesen, bei der Bekämpfung der Unfälle der unter 25jährigen. Hier wenden sich die Projekte richtigerweise direkt an die Verursacher und ihre „Leichtsinnigkeit“.

2. Eine kausale Ursachensuche könnte auch fragen: *Wäre der Unfall verhindert worden, wenn der Fahrer die geforderte Geschwindigkeit eingehalten hätte?* Das ist nicht leicht zu

beantworten. Es zeigt aber, dass Geschwindigkeit nur eine moderierende Variable ist. Sie verschlimmert ohne Frage die Folgen, verursacht physikalische Probleme, wird aber dadurch nicht zur Ursache.

Geschwindigkeit als Ursache zu behaupten, mag für Laien und auch gesellschaftspolitisch akzeptierbar sein. Fachleute, also auch Polizisten, müssen mehr Kompetenz zeigen und differenzierter argumentieren. Diese allgemeine Behauptung ist nämlich ungefähr so tiefgründig, wie die Behauptung eines Mediziners, die Haupttodesursache sei die Einstellung der Atmung oder ein Herzstillstand.

Noch größere Probleme

Noch schwieriger und diffuser wird die Betrachtung, wenn die Ursache und Wirkung von absoluten Geschwindigkeitsverstößen betrachtet werden soll. Solche Verstöße als kausale Ursachen von Unfällen zu betrachten ist äußerst fragwürdig. Es sind eben nicht die gemessenen 79 km/h statt der erlaubten 70 die kausale Ursache für Unfälle, die zu einer anderen Zeit und (in der Regel) an einem anderen Ort passiert sind. Hier müsste deshalb mindestens gefragt werden: *„Warum ist der Autofahrer hier an dieser Stelle 79 gefahren?“* Manche Forscher fragen sich darüber hinaus: *„Wenn alle Geschwindigkeitsbegrenzungen eingehalten werden, passieren dann keine Unfälle mehr? Haben diese Verstöße überhaupt einen signifikanten Einfluss auf die Unfallzahl? Haben nicht andere Wirkfaktoren, wie schlechtes Wetter oder Hitze, der Benzinpreis einen erheblich größeren Einfluss?“* Die großen Schwankungen der jährlichen Unfallzahlen bei relativ gleichbleibenden Kontrollen legt das sehr nahe. Die richtigen Antworten darauf und die verschiedenen Glaubensausrichtungen sind traditionell verschieden, aber können immer ihre Ansichten schlecht beweisen.

Geht so Verhaltensänderung?

Es geht also um andere Ursachen, um Einstellungen, Verantwortlichkeit, Einsicht und Verhalten. Da muss man sich eingestehen, dass eine solche Beeinflussung von Verkehrsteilnehmern extrem schwierig ist. Veränderungsbemühungen auf diesem Gebiet gehören zum Sozialmanagement. Aufklärung, Appelle und Projekte können eine bescheidene Wirkung in Richtung Selbstverantwortlichkeit haben. Die Wirksamkeit wird aber von bekannten Gesetzmäßigkeiten beeinflusst. Dazu gehört die Erkenntnis, dass Ansprachen an die „Freunde“ und Unentschlossenen sinnvoller sind, nicht aber Appelle an die „Gegner“. Das bedeutet, den Raser des Tages zu küren oder die Gaffer und Schaulustigen bei einem Unfall zu ermahnen oder persönlich sauer auf zu schnelles Fahren zu reagieren, bringt wenig bis gar nichts Positives. Es verschlechtert in der Regel alle Bedingungen, ist aber unausrottbar beliebt. Wir müssen uns vielmehr bedanken bei denen, die sich richtig verhalten, die Vernünftigen, die Einsichtigen. Die sind sowieso die Mehrheit. Auch für Radiomeldungen gilt das gleiche. Nicht die Gaffer und Raser muss man ansprechen, sondern die, die sich vernünftig verhalten wollen. Das ist auch lernpsychologisch der viel bessere Weg und könnte eine nachprüfbare Wirkung auslösen.

Nehmen wir einen Moment an, dass die Verfolgung von absoluten Geschwindigkeitsüberschreitungen doch eine Unfallursache bekämpft. So muss man mit einigem Recht erwarten, dass Anzeigen und Bußgelder Verhalten verändern werden. Ist das so? Abgesichert ist, dass positive Konsequenzen und Lob zu einer Häufung des belohnten Verhaltens führen. Strafen führen nicht automatisch zu einer Verminderung. Sie verursachen bei ausreichender Motivation nur eine Vermeidungshaltung. Man passt besser auf, merkt sich alles, fährt „vorausschauend“, meidet die „gefährlichen“ Straßen, kauft sich ein Warngerät. Eine Verhaltens- oder Einstellungsänderung tritt so nicht ein. Das weiß die Polizei. Mehrmals wurden Messungen kurz hintereinander platziert. Die Bestraften lernten nichts daraus und fuhren überwiegend auch in die zweite unerwartete Kontrolle. Wird längere Zeit auf einer bestimmten Straße nicht mehr gemessen, so fahren alle nach kurzer Zeit wieder genau die alte Durchschnittsgeschwindigkeit der Vergangenheit. Der Effekt ist ausgeblieben, hat aber sehr viel Personal gebunden, hohe Kosten ausgelöst und viele verärgert.

Es gibt trotzdem zwei Bereiche, in denen durch Strafen Verhalten modifiziert werden kann.
1. Vielfahrer und ältere Verkehrsteilnehmer merken sehr schnell, dass eine so hohe andauernde Aufmerksamkeit zu anstrengend ist. Sie geben auf. Berufsfernfahrer halten sich deshalb in der Regel aus „Erschöpfung“ und Stressreduktion an alle Regeln, ältere Menschen aus ähnlichen Motiven.

2. Wird die Kontrolldichte für durchschnittliche Verkehrsteilnehmer unüberschaubar (hinter jeder Hecke könnte jemand messen), dann führt eine solche Verunsicherung zu einer devoten Verhaltensänderung, zu Gefühlen der Bevormundung, Entmündigung und zu einer größeren Distanz zum „Freund und Helfer‘“. Ok, sie fahren dann langsamer, aber Einsicht, Verantwortlichkeit und Demokratie sehen anders aus.

Für diesen Bereich müsste es deshalb eher heißen: In Dubio pro Libertate! Nur das verbieten, was gefährlich und schädlich ist und nur das kontrollieren und verfolgen, was einen nachvollziehbaren kausalen Sinn ergibt und Erfolg verursacht und dann aber konsequent. Erschreckend ist, dass in einigen nordeuropäischen Ländern die automatisierte Kontrollphilosophie immer mehr akzeptiert wird. *„Wenn ich schon bezahlen muss, dann sollen die anderen genau so herangenommen werden“.* Gleichzeitig wird aber der Exekutive immer weniger geglaubt, das Vertrauen schwindet, und das Sicherheitsgefühl verbessert sich nicht. Es besteht der nicht unbegründete Verdacht, dass häufig an Stellen gemessen wird, die wenig Unfallrelevanz haben, an der aber viel Geld zu machen ist oder ohne großen Aufwand Tätigkeiten gesammelt werden können. Deutlich mit verursacht wird das durch die vielen Kontrollen der kommunalen Träger, die sich bei der Suche nach Ursachen viel weniger Probleme machen als die Polizei. Manche Stadtkämmerer geben das offen zu. Sie freuen sich logischerweise über die „Sondersteuer“, an einer ehrlichen Wirkungsbetrachtung sind sie wenig interessiert. Sie berichten regelmäßig, wie viel die neue Kamera einbringt, von Unfallreduktion oder Gefahrensenkung keine Spur.

Das diskreditiert auch sinnvolle Polizeiarbeit. Möglicherweise kann es weiterbringen, die kommunalen Träger daran zu erinnern, dass jede Ermächtigung eine Zweckbindung hat[4]. Diese liegt bei Bußgeldern in der Förderung und/oder Aufrechterhaltung der Sicherheit und Ordnung des Straßenverkehrs, nicht in der Erzielung von Einnahmen oder in der Erfüllung von dienstlichen Vorgaben. Wenn die Unwirksamkeit vorher bekannt ist, sind dann aus dieser Sicht und aus der Sicht ermächtigungsbegrenzender Schranken (z.B. der Zwecktauglichkeit) solche Maßnahmen nicht sogar rechtswidrig?

Verschärft wird dieses Problem noch dadurch, dass eine „ehrliche" Brennpunktanalyse in sehr vielen Bereichen gar nicht möglich ist, weil die Unfälle viel zu stark streuen. Signifikante Aussagen sind bei so geringen Fallzahlen mathematisch gar nicht möglich. Manchmal verursachen drei Nadeln, nahe bei einander, ohne eine vernünftige Analyse der tatsächlichen Unfallursachen, schon einen wochenlangen Einsatz mit Geschwindigkeitskontrollen und Haltepunkte in Streifenbefehlen. Eine genaue Ursachenanalyse zuvor wäre natürlich sinnvoller oder zeigt nicht selten, wie durch viele Einzelbeispiele belegt, dass Geschwindigkeit gar keine Bedeutung hatte.

Einige sprechen nicht über Unfallursachen, sondern von *unangepasster Geschwindigkeit.* Das ist schlüssiger und fachlich nicht zu beanstanden, aber auch keine Ursache. Es ist leicht, an dieser Stelle der Unfallaufnahme ein Zeichen zu markieren und die Statistik auf Geschwindigkeiten zu fokussieren. Die Zahlen werden größer, die Kausalität nicht. Es löst das Bekämpfungsproblem der Ursachen natürlich überhaupt nicht, verursacht aber mehr Striche, Kreuze und Aktivitäten. Das gibt den Anhängern der Geschwindigkeitshypothese falsche, aber vorzeigbare Argumente. Es wird eine Art 100%-„Kontrolldelikt" geboren.

---

[4] Kann man nachlesen in der Gesetzesbegründung/ Bundestagsdrucksache

Es gibt andere Lösungen
All diese Argumente legen eine praktische und preiswerte Lösung nahe. Die subjektive Gefährlichkeit der unfallrelevanten Strecken oder der Brennpunkte sollte verschärft werden. Das heißt, nicht reale Gefahren vergrößern, aber die freie Fahrt einschränken, Überquerungsinseln einrichten, Parkplätze im ständigen Wechsel auf die Straße bringen und gerade Straßen optisch verändern. In Versuchen konnte nachgewiesen werden, dass eine möglicherweise zu hohe Geschwindigkeit von durchschnittlich 61 km/h schrittweise durch solche Maßnahmen auf 56, 51 und 48 reduziert werden kann. Zuvor wurde jahrelang mit sehr teurem Personaleinsatz regelmäßig gemessen, aber keinerlei Langzeiteffekt ausgelöst. Haben wir zu viel Geld oder Personal? Hilft das alles nicht genug, so sollten eher Schwellen aufgebracht werden, als mit teurem Personaleinsatz, Geschwindigkeiten zu messen. Also nicht drohen und strafen, sondern verhindern! Eine einfache Schwelle kostet ca. 200 Euro, ungefähr so viel wie eine Einsatzstunde einer Wagenbesatzung bei Teilkostenrechnung. Erlauben wir uns sogar eine Vollkostenrechnung, so ist jeder ineffektive Personalansatz eine finanzielle Katastrophe. Eine schadhafte Fahrbahnoberfläche hat auf das Geschwindigkeitsverhalten der Fahrer einen größeren Einfluss als wochenlanges Messen. In einigen Städten bricht die Teerdecke auf. Zum Vorschein kommt an vielen Stellen gesundes altes Kopfsteinpflaster, das durch Finanzknappheit nicht repariert wird. Das ärgert natürlich viele, aber die Durchschnittsgeschwindigkeit geht deutlich zurück. Das wäre durch den mehrmaligen Einsatz eines Radarwagens nachhaltig nicht möglich. Das unschöne Bild kann man auch akzeptierbar hinbekommen, indem man in regelmäßigen, ordentlichen Abständen das alte Kopfsteinpflaster aus „Nostalgie“ wieder zum Vorschein bringt. Keiner ärgert sich mehr und alle fahren langsamer. Es fehlen neue Ideen und nicht mehr Messanlagen.

Qualitätssteuerung bei der Polizei ist nicht so einfach

Ein „normales" Produkt, das mehr als 10% Gemeinkostenanteil bindet, ist schlecht zu steuern, weil sich die Gemeinkosten einer Beeinflussung durch Produktsteuerung entziehen. Polizeiliche „Produkte" besitzen leider ein Vielfaches an Overheadkosten. Schließlich muss die Führung, die Verwaltung, die Leitstelle, die Autos und vieles mehr mitfinanziert werden. Vermutlich ist deshalb eine Qualitätssteuerung sehr schwierig, unbeliebt und wenig attraktiv. Eine Organisation, die wie die Polizei zudem noch ca. 85% Personalkosten aufweist, lässt jeden Manager verzweifeln. Diese Besonderheiten zeigen aber überdeutlich, dass Kosten und Qualität nur mit sinnvollem und effektivem Personaleinsatz gesteuert werden können, nicht mit dinglicher Kostenreduktion. Dazu gehört natürlich auch ein Personalmanagement, das nach dem Sinn von Maßnahmen fragt, ehrlich Effekte überprüft und Arbeitszufriedenheit sichert und eine Führung, die subjektive Erwartungen und Ansprüche der Mitarbeiter bearbeitet (nicht nur die eigenen). Das senkt nachweislich Kosten sehr deutlich und steigert die Qualität erheblich. Die Arbeitszufriedenheit nimmt zu. Zusätzlich kann eine stringente „Ausrichtung des Managements" – von Blind- und Fehlleistungen => hin zu Stütz- und Nutzleistung – in der Regel eine Kostenreduktion von ca. 30% erbringen. Eine einseitige Fokussierung auf Kosten ruiniert dagegen Qualität, Sinnhaftigkeit und Arbeitszufriedenheit, denn der Weg, Menschen, als Produktionsmittel zu betrachten und standardisiert zu managen, ist besonders in solch schwierigem „Dienstleistungssektor" eine Sackgasse. Das ist alles absolut nicht neu, wird häufig beschworen, in politischen Reden gefordert, aber zu selten berücksichtigt.

Gewalt, eine nicht ausschlagbare Erbschaft?

Viele Verantwortliche sind besorgt. Es gibt deutliche Hinweise über die Zunahme von Gewalt. In den Medien nehmen die Berichte von Übergriffen zu. Aufklärung und Appelle sollen helfen. „Runde Tische" gegen Gewalt werden gegründet. Viele Eingeweihte und Fachleute bezweifeln aber eine Wirkung. Ein Grund wird darin gesehen, dass das Thema sehr komplex ist und dass eine Vielzahl von Faktoren Einfluss ausüben. Unerklärlicherweise gibt es aber Hintergründe, die vernachlässigt oder ganz ausgespart werden, obwohl sie vermutlich von großer Bedeutung sind. Es soll deshalb hier auf den nächsten Seiten versucht werden neben den bekannten Ursachen, wie Frust, Angst, Sozialisation und Persönlichkeitsstörung unbekanntere Ursachen zu diskutieren.

Die Schwierigkeit beginnt schon damit, dass wir uns in unserer Alltagssprache über die Begriffe uneinig sind. Z. B. bezeichnet **Macht** nur ein Potential, eine Möglichkeit, Einfluss auszuüben. Das kann mit Geld zu tun haben, mit Größe oder körperlicher Stärke. Auch gute Beziehungen bieten Machtmöglichkeiten. So können einzelne Menschen Macht haben, aber auch Organisationen wie die Polizei, der Ordnungsdienst, Konzerne und Staaten. Sie muss nicht tatsächlich vorhanden sein. Es genügt, wenn andere daran glauben. <u>Macht macht nichts</u>, wenn sie nicht genutzt wird. Es hält andere Menschen allerdings in einem gewissen Umfang von Provokation und Angriff ab. Einen mächtigen Gegner attackiert man so schnell nicht. **Gewalt** dagegen ist ein aktives Verhalten. Sie wird benutzt, um zu beeinflussen und Wirkung auszulösen. Ziel solcher Gewalt ist, andere zum Unterlassen oder zu einem bestimmten Verhalten zu zwingen. Sie kommt extrem häufig vor, stellt aber eine kleinere Teilmenge der Macht dar. Wiederum ein kleinerer Teil dieser Gewalt tritt leider in Form der **Aggression** auf. Sie hat ähnlichen Inhalt. Ihr Ziel ist aber jetzt neben Verhaltensbeeinflussung, einen Kampf zu gewinnen, zu dominieren, den anderen zu unterwerfen, zu verletzen oder zu schädigen. Aggression ist meistens gemeint, wenn allgemein von zu viel „Gewalt" geredet wird. Das verschleiert die Ziele und verharmlost die Motive. Die sehr große Menge der Gewalt und der Aggressionen in der heutigen Zeit wird leider völlig unterschätzt. Mittlerweile ist der größte Teil unserer Sprache gewaltorientiert oder sogar aggressiv. Das drückt sich besonders in unserer „normalen“ Alltagssprache aus. Möglicherweise fällt es nicht auf, weil wir damit aufwachsen sind und uns daran gewöhnt haben. Erst bei genauem Hinsehen und Analysieren bekommt man einen Schreck, wie viel Gewalt tatsächlich vorhanden ist. Es ist die Gewalt der Eltern, die ihre Kinder zu bestimmtem Verhalten „anhalten“. Es sind die Schulen, die Schülern vorschreiben, was zu tun ist. Polizei, Finanzamt, Vorgesetzte, Eheleute, alle wenden in diesem Sinne Gewalt an. Selbst wenn jemand festgehalten wird, um vor einem herannahenden Auto beschützt zu werden, ist das ebenfalls eine Form der Gewaltanwendung. Aber jetzt merkt man schon Gewalt kann auch etwas Gutes bewirken, einen Nutzen für die betroffenen Personen haben. *Ist es schlimm, wenn ich meine kleine Tochter gegen ihren Willen (mit Gewalt) zwinge, eine Zahnspange zu tragen?* Sie wird mir das für längere Zeit möglicherweise sehr übel nehmen, um vielleicht nach Jahren genau dafür Dankbarkeit zu empfinden. Es scheint also Gewaltanwendung zu geben, die akzeptiert werden könnte. Dann gibt es also gute und schlechte, legale und illegale Gewalt. Lehrer z.B. dürfen und sollen für Ordnung sorgen und gegen den Willen der Schüler Hausaufgaben aufgeben und Zensuren verteilen, das ist aus heutiger Kultursicht legale Gewaltanwendung.

Verhaltensbeeinflussung durch Gewalt und Aggression?

Die Polizei soll die Staats**gewalt** vertreten. Die Abgeordneten erlassen Gesetze über erlaubte Gewaltanwendung der Exekutive, die dann laut Definition vom „Volk“ abgesegnet ist. Sie üben in diesem Sinne dann ebenfalls legitime Gewalt aus. Dürfen aber Eheleute untereinander, Mitschüler, Vorgesetzte, Ordnungsdienste oder die Kirche Gewalt anwenden? Sie tun es täglich. Mit dieser sehr entscheidenden Frage sind viele schwierige Probleme verbunden. Moral, Politik, Ideologie wollen berücksichtigt sein. Selbst wenn man Gewalt in einigen Bereichen bejaht, stellen sich Fragen: *„Dürfen die Anwender zusätzlich auch noch aggressiv* *dabei sein?“ „Darf ein Lehrer oder Polizist seine Aufgaben mit Aggressionen durchsetzen?“* Um das einigermaßen beantworten zu können, lohnt es sich, einmal die Herkunft der Verhaltensmotive zu betrachten.

Was ist Natur und angeboren?

Da gibt es zunächst etwas, was wir mit den meisten Säugetieren teilen. Es ist die Aggression bei einem persönlichen Angriff. Hier hat die Natur vorgesehen, dass wir uns mit vitalen Aggressionen wehren, mit allem, was uns zur Verfügung steht, oder wir flüchten mit Unterstützung von Angst. Diese Aggression ist angeboren und auch gesetzlich durch den Notwehrparagraphen zugelassen. Sie dient dem eigenen Schutze, dem Arterhalt und der Möglichkeit, eigene Gene zu schützen und weiterzugeben (Gen-Fitness). Sie ist eigentlich „normal“ aber auf „handgreifliche“ Situationen beschränkt. Der Mensch ist das einzige Lebewesen, das sich nur durch eigene Gedanken angegriffen fühlen kann, ohne dass tatsächlich ein Angriff stattfindet. Das hat zu einer Vervielfachung und Inflation der Angriffssignale geführt und auch dazu, dass der Mensch das aggressivste Wesen auf diesem Planeten geworden ist.

Der zweite Verhaltensteil, der angeboren ist, ist weniger bekannt. Es ist das Dominanzstreben. Es benötigt keinen Angriff, keine Bedrohung und keinen Auslöser. Es ist eine meist unbewusste Taktik. Das dahinterliegende Motiv basiert ebenfalls auf dem übergeordneten Naturgesetz der Gen-Fitness. Wenn ich dominant bin, das Sagen habe, über andere bestimme, habe ich extrem viel mehr Möglichkeiten, meine Gene weiterzugeben. So ist es kein Wunder, dass auch das den meisten Lebewesen als Motiv angeboren ist. Es funktioniert zunächst mit Drohen in allen erdenklichen Formen. Der Mensch droht natürlich auch zusätzlich mit Worten. Er verspricht attraktive Folgen, wenn sich die Anderen unterordnen, und Böses, wenn die Unterordnung abgelehnt wird. Herrschaftsansprüche werden deshalb seit Jahrtausenden von Menschen mit *Drohungen* und mit *Versprechen* vorgetragen. Dann ordnen sich die Anderen tatsächlich in der Regel unter. Weil sie hoffen, beschützt zu werden und in Ruhe leben zu können. Das funktioniert in Flüchtlingsheimen aber nicht. Die nicht gewählten Ordnungskräfte erzwingen keine Unterordnung, weil Flüchtlinge sich wegen ihrer existentiellen Not nicht unterordnen können. Eskalation ist dann hoch wahrscheinlich. Wenn Sie jetzt auf die Idee kommen, dass unsere Politiker sich heute etwas verfeinert auch so verhalten, dann liegen Sie durchaus richtig. Es handelt sich um weitgehend angeborenes animalisches Dominanzverhalten, nicht um Demokratie oder um ein hohes Kulturgut. Was passiert nämlich, wenn sich die Menschen nicht unterwerfen? Dann können sie ziemlich sicher mit Gewalt und danach auch mit Aggressionen rechnen. Sie können sicher sein, dass sie verbal oder tatsächlich angegriffen werden. Um dafür Beweise zu finden, braucht man nur die täglichen Nachrichten oder eine Diskussion zu verfolgen oder in der Geschichte zurückzuschauen. Das betrifft nicht nur Politiker, sondern alle, die in einer Situation meinen, das „Sagen zu haben", also auch Ordnungskräfte, Aufsichtspersonal und Führung allgemein. Das passiert alles nahezu automatisch.

Das alles erklärt aber immer noch nicht die unbegreiflich häufige und „unnatürliche" Gewalt in unserer Gesellschaft. So viele „Notwendigkeiten" für einen Dominanzstreit gibt es eigentlich gar nicht und trotzdem ist unser Alltag angefüllt mit unzähligen Attacken. Das Problem wurde noch durch eine spezielle Kulturerrungenschaft des Menschen extrem verschlimmert. Bis vor ca. 6-8000 Jahren lebte der Mensch in kleinen Gruppen, in Clans und Familien von ca. 10 Personen. Zu dieser Zeit gab es keine allgemeinen Regeln oder Gesetze und auch kein falsches oder richtiges Verhalten. Das können sich heute viele Menschen nicht einmal mehr vorstellen[5]. Der zurückkommende Jäger hatte etwas

---

[5] Deutlich verschlimmert wurde das noch durch die Verstädterung und durch die Möglichkeit, mehr herzustellen als benötigt wurde. Bezahlte Arbeit, Abhängigkeit, Handel und damit Ausbeutung waren die Folge und eine völlig neue Möglichkeit, Gewalt und Macht auszuüben und Menschen auszunutzen; siehe hierzu z.B. 1977, Erich Fromm: *Anatomie menschlicher Destruktivität*.

erlegt oder nicht. Man war erfolgreich oder eben nicht. Der körperlich Stärkere oder der geschickteste Jäger hatte natürlich trotzdem die besten Möglichkeiten, seine Gene weiterzugeben. Ungefähr zu dieser Zeit fingen die Menschen an, sesshaft zu werden, Ackerbau und Viehzucht zu betreiben. Sie zogen zu größeren Einheiten zusammen und hatten plötzlich das Problem, sich in größeren Gruppen und mit anderen Familien vertragen zu müssen und Arbeit, Bodenbesitz und Verhalten regeln zu müssen. Es ist kein Wunder, dass einige natürlich sofort dominant sein und Chef werden wollten. Mit Drohen und Versprechen zeigte sich schnell jemand, der bestimmen wollte. Die Uneinsichtigen wurden mit Gewalt und Aggression bekämpft, bis die Führung akzeptiert war. Dieser Führer, „Chef" oder Leiter legte die ab dann gültigen Regeln für alle fest. Sie entstanden nicht durch einen demokratischen Prozess, sondern durch die egozentrische Sicht eines Einzelnen. Daran hat sich im Laufe der Geschichte nicht viel geändert. Herzöge, Fürsten, Dorfälteste, Häuptlinge und Könige gaben die Regeln vor. Ab jetzt gab es auf einmal richtig und falsch und logischerweise auch Strafen als neue Art der Gewalt und Aggression. Sie wurde jetzt zur Disziplinierung, Abschreckung und Rache genutzt. *Eine neue Art, die von der Natur so nicht vorgesehen war.* Das alles wiederholt sich bis heute. Halbherzig wird von Resozialisierung und Wiedereingliederung gesprochen. Praktisch bleibt es gleich – Gewalt und Aggression. Wir haben uns so daran gewöhnt, dass wir auch in der eigenen Familie, in der Nachbarschaft und in allen anderen geeigneten Bereichen Regeln bilden und bei Nichtbeachten sofort an Sanktionen denken. Unser Handeln und Denken ist durchwoben von der Vorstellung von richtig und falsch, dass wir den ganzen Tag von früh bis spät bewerten, beurteilen, verurteilen und häufig auch über mögliche Strafen nachdenken. Die Religionen helfen dabei, weil sie davon einen soliden Nutzen haben. Das haben wir Menschen aber ohne zwingende Not selbst verursacht und ausführlich kultiviert. Selbst in den kleinsten Gruppen gibt es sofort ein Dominanzgezänk und Ärger über nicht abgestimmte Regeln. Es geschah und geschieht in einem Ausmaß, dass unsere Wahrnehmung, unsere Emotionen und unser Verhalten sich deutlich verändert haben. Das noch leicht widersprechende Gewissen, das behindernde Unrechtsbewusstsein gewöhnt sich auf lange Sicht daran. Es entspricht aber nicht den Anforderungen oder der Logik der Natur, weil es viel zu aggressiv, zu schädigend und zu destruktiv ist. Der eigentliche Nutzen ist aufgebraucht und ins Gegenteil verkehrt. Dafür müssen wir die Verantwortung übernehmen! Wie weit wir uns von der „Natur" entfernt haben, zeigt folgendes Beispiel:

Sie kaufen eine Pflanze und betrachten sie liebevoll. Sie bemerken aber nach kurzer Zeit, dass sie sich nicht so entwickelt, wie sie möchten. Sie denken nach über die einfallende Lichtmenge, über Wasser und Dünger. Sie versuchen, die Bedingungen für gesundes Wachstum bereitzustellen. Warum strafen Sie dann aber ihren Sohn, wenn er sich nicht so entwickelt, wie Sie es wollen? Die Lebewesen auf diesem Planeten entwickeln sich automatisch richtig, weil sie versuchen, sich anzupassen und nach Perfektion und Effektivität streben. Möglicherweise entwickelt der Sohn sich auch hervorragend, wenn alle Bedingungen stimmen. Wir merken schon gar nicht mehr, wie viel Gewalt wir ausüben. Die häufigste Botschaft an unsere Kinder ist: *„Du bist nicht ok, du musst dich ändern!"* Das hören die Kinder, dann die Heranwachsenden zu Hause, in der Kita, in der Schule und auf der Lehrstelle. Später trifft es auch Ausländer und Minoritäten mit voller Deutlichkeit. So kann sich kein gesundes Selbstwertgefühl entwickeln. Es entstehen „Ich-schwache" Menschen, die Rollen spielen und opportunistisch werden. Mit diesem „unechten" Schauspiel versuchen sie die notwendigen „Streicheleinheiten" zu bekommen. Sie funktionieren dann allerdings reibungslos in unserem Wirtschaftsleben. Sie sind berechenbar, ihr Geschmack ist standardisiert und leicht zu beeinflussen. Sie sind bereit, sich befehlen zu lassen und sich einzufügen. Sie halten sich trotzdem für frei und unabhängig und wünschen sich nur, mehr konsumieren zu können. Man kann den Eindruck bekommen, dass es Absicht sein könnte, dass es ein heimliches Curriculum gibt, Menschen so zu erziehen. Wollen wir das alles so? Wenn die Betroffenen sich das nicht gefallen lassen wollen, wird mit Aggression geantwortet und auch vor Gewalttaten nicht zurückgeschreckt. Hier bildet sich der Unterschied deutlich ab zwischen *Natur und Kultur*, zwischen Angeborenem und dem, was wir daraus gemacht haben.

Lösungsansätze

Der grundlegendste Weg aus diesem Dilemma wäre eine wirklich gewaltfreie Haltung und eine menschgerechtere Gesellschaft[6]. Es gibt auch ohne neue Staatsphilosophie einige Wege, die vorkommende Gewalt praktisch und menschengerecht zu organisieren.

1. Es beginnt damit, deutlich zu unterscheiden. A) Was sind zurzeit notwendige und akzeptierte Ordnungsbereiche, die notfalls direktiv und gewaltsam durchgesetzt werden müssen? B) Welche Fälle gehören nicht dazu (auch wenn andere das sagen)? Damit ist auch schon die Zukunft enthalten. Die erste Gruppe erfordert freundliche Direktivität und damit auch meist asymmetrische Kommunikation. Die verkannte, sehr viel größere zweite Gruppe könnte ausschließlich mit symmetrischer und gewaltfreier Kommunikation bearbeitet werden, auch von der Exekutive[7].

2. Es wird immer wieder vorkommen, dass auch legitime Gewaltanwendung mit unnötiger Aggression vermischt wird. Das ist absolut nicht erwünscht, aber sehr schwierig abzustellen. Polizisten, Ordnungskräfte und Lehrer als Profis müssen nicht aggressiv werden. Sie wissen, dass sie nüchtern konstatieren und reagieren sollten. Es ist aber nicht so einfach. Wir werden halt in bestimmten Situationen aggressiv. Das hängt mit den oben schon beschriebenen Bewertungen, Verurteilungen, Haltungen und der Wahrnehmung zusammen. Die Arbeit an Einstellungen und notwendigen Kompetenzen sind sehr schwierig und erfordern viel Disziplin und Zeit. Die „Natur“ ist dagegen sehr mächtig und mischt sich ein. Genauso „normal“ ist aber auch der aggressive Widerstand gegen die hier beschriebene Gewalteinwirkung, auch gegen legitime

---

[6]1974, Erich Fromm, *Der moderne Mensch und seine Zukunft*, EVA; 2004 M. Rosenberg, *Gewaltfreie Kommunikation; 2010,* L. Röhrig, *Glück finden*, Wege zu einer menschengerechteren Gesellschaft

[7] 1989, L. Röhrig, *Konfliktbewältigung ohne Gewalt?* Deutsches Polizeiblatt 3 S. 2 – 26; 1989,

Gewalt. Die Gewaltanwender müssten hier gelernt haben, wie mit Widerständen konstruktiv und auch gewaltfrei umgegangen werden kann[8]. Alle Bereiche erfordern eine wohlabgestimmte Veränderung der Curricula und Erziehungsziele, weil alles sehr miteinander verwoben ist. Der Erfolg solcher Bemühungen hängt ab von der Qualität des Selbstwertgefühles, der Ich-Stärke (s.u.), der Art der Ausbildung, der Haltung zur Gesellschaft, der Vorbilder usw. Hier sind neben dem Individuum auch die Gesellschaft, Politik und die Institutionen (Schule, Polizei) gefordert. Das macht wenig Hoffnung, deshalb richten wir den Focus nochmals auf unsere persönlichen Möglichkeiten.

3. Grundsätzlich haben wir Menschen nämlich die geistige Fähigkeit, uns von unnötiger Gewalt zu lösen[9]. Wir könnten unsere gewalttätige Alltagssprache zurückentwickeln und im Umgang miteinander gewaltfreier interagieren. Wir könnten es. Warum tun wir es nicht?

Beginnen wir als ersten Schritt zunächst damit, eine dafür notwendige gewaltfreiere Haltung einzunehmen. Machen wir uns beispielsweise klar, dass ein handelnder Mensch in diesem aktuellen Moment genau das tut, <u>was er kann</u> und was <u>seinen aktuellen Bedürfnissen entspricht</u>. Er handelt also richtig! Möglicherweise ist dieses für ihn richtige Verhalten für andere, für die Gesellschaft sehr störend und auch nicht akzeptabel. Das sollten wir dann auch nur <u>so</u> vertreten, sagen und bearbeiten. Wir sollten nicht die Worte benutzen: *Du bist schlecht, du bist falsch, du bist nicht ok, du musst anders sein usw*. Ausdruck einer **gewaltfreien Haltung**[10] sind beispielsweise Gedanken oder auch Sätze wie: *„Du hast gute Gründe, dich so zu verhalten, wie du es gerade tust. Für dich scheint das richtig zu sein. Das löst aber bei mir folgende Probleme aus, ... das ist für unsere Gemeinschaft nicht akzeptabel .....das geht aus folgenden Gründen nicht“ usw.* Die Sätze selbst

---

[8] ebenda

[9] Sinngemäß: 1974, Erich Fromm, *Der moderne Mensch und seine Zukunft*, EVA; 1973,Alexander Mitscherlich, *Auf dem Weg zur vaterlosen Gesellschaft*, Pieper, Anna dreht sich nicht um, BOD 2016

[10] M. Rosenberg, *Gewaltfreie Kommunikation* (verschiedene Bücher)

sind es nicht, die die Wirkung auslösen, es wirkt die Haltung: ***Du bist ok, dein Verhalten aber nicht! (die Tat ablehnen, aber nicht den Täter)*** Also immer Verhalten ansprechen und nicht Eigenschaften oder Bewertungen!
Es ist verständlich, wenn Sie jetzt trotzdem weiter über Extreme nachdenken und meinen: *„Manchmal muss Strafe doch sein“.* Es ist durchaus richtig, dass manchmal die Möglichkeit für solche Kommunikation zeitlich und auch tatsächlich nicht mehr besteht und konkretes Handeln sofort gefragt ist, wie zum Beispiel in Polizeieinsätzen. Mit der angesprochenen inneren Haltung kann aber nach diesen „Nothandlungen“ trotzdem immer noch konstruktiv kommuniziert werden[11]. Aber wann kommt man grundsätzlich an Strafen nicht vorbei? Das ist eine sehr schwierige Frage. Die allermeisten Menschen sind nicht böse oder feindselig. Sie sind bereit, Rücksicht zu nehmen, zu helfen, ihr Verhalten anzupassen, damit es auch anderen gut geht. Sie wollen aber darüber hinaus geliebt und geachtet werden und nicht täglich hören, dass sie nicht ok sind. Auf keinen Fall wollen sie weder körperlich noch psychisch gezwungen, angegriffen oder verletzt werden.

Der größte Teil unserer gesellschaftlichen Gewaltprobleme könnte allein mit einer anderen Haltung und mit einer anderen Sprache beseitigt werden[12]. Jemand, der irgendwann glaubt, dass er wirklich nicht richtig ist, weil er es ständig hört, wird sich nicht ändern, sondern sich zurückziehen, verlogene Rollen spielen, um Zuneigung buhlen, destruktiv, egoistisch, gewalttätig und rücksichtlos werden und möglicherweise darüber nachdenken, Rache zu nehmen, andere zu dominieren und ihnen die Schuld geben, für seine egoistischen Zwecke auszunutzen und Gewalt anzutun. Er wird mindestens so handel, wie er behandelt worden ist. Mit anderen Worten, ***Gewalt bringt neue Gewalt hervor.*** Aggressionen und Verletzungen warten auf Rache, ein gesellschafts-schädlicher Teufelskreis, den wir täglich beobachten können. Es gäbe hier viel zu tun, denn besser wird es von allein nicht mehr. Unnötige Gewalt und Aggression könnte unterlassen

[11] Kommunikatives Einsatzmodell A, letztes Kapitel
[12] Siehe hierzu auch: gluecksfinder.jimdo.com

und verhindert werden. Welcher unbedingt notwendige Rest an Gewalt bleibt dennoch übrig? Es muss klar sein, dass selbst in den Bereichen, in denen wir eine Gewaltanwendung zulassen wollen oder müssen, ist Aggressivität immer noch unzulässig. Ein Polizist hat die Staatsgewalt zu vertreten, seine Aufgaben zu erledigen, Anordnungen zu treffen und andere auch gegen den Willen festzunehmen und das möglichst ohne Aggressivität. Lehrer sollen für ordentlichen Schulbetrieb, für notwendige Disziplin und angemessenes Verhalten sorgen. Eltern müssen gesellschaftlich akzeptierbares Verhalten weitergeben. *Aber keiner von ihnen hat die Lizenz, mit Aggressionen zu schädigen oder andere zu besiegen.* Ohne Aggression auszukommen, ist keine leichte Pflicht[13]. Es erfordert, wie schon gesagt, neben Einsicht auch viel Kompetenz, Disziplin und Übung, weil wir mit der alten Strategie zu viele Jahre verbracht haben und vermutlich selbst so erzogen wurden. Es ist deshalb sehr verständlich und „normal", wenn in Konfliktsituationen trotzdem immer wieder Aggressionen hochkommen, weil vieles wie ein individueller Angriff aussieht, der angeblich eine Verteidigung erfordert. Kommunikationswissenschaftler wissen das: Auf einen tatsächlich beabsichtigten verbalen Angriff kommen mehr als 100 „ungeschickte Gesprächseröffnungen", die sich nur mit den Problemen des Senders beschäftigen, die aber vom Empfänger fälschlich als Angriff empfunden werden und in Wirklichkeit keine sind. Ursache neben einer Gewöhnung ist falsche Entschlüsselung der Botschaft, mangelnde Sprachkompetenz und häufig ein schwaches gefährdetes Selbstwertsystem. Das alles ist in unserem Alltagsleben normal und fällt gar nicht mehr auf. Es entbindet uns nicht von der Pflicht, unsere Kultur langfristig menschengerechter zu verändern und solches Verhalten zu unterlassen. Menschen haben grundsätzlich die Möglichkeit, sich von den hochkommenden animalischen und angeborenen Aggressionswünschen zu befreien. Wir können sie nahezu immer frühzeitig bemerken, dämpfen, unschädlich machen, in sinnvolle Richtungen lenken oder gewaltfrei kommunizieren. Leicht ist es wahrlich nicht, aber sonst unterscheidet sich die „Krone der

---

[13] Erfahrungsgemäß geht es nicht ohne intensive Arbeit, um Selbstformung oder Fortbildung.

Schöpfung“ leider nicht von Primaten.

Ursache Selbstwertschwäche

Jeder Mensch benötigt ein gesundes Selbstwertsystem. Hat er das nicht, so funktioniert er nicht und wird langfristig auch ernsthaft krank. Wir unternehmen deshalb sehr viel, um das System zu saturieren. Wir suchen überall Streicheleinheiten und nehmen sie mit Gier entgegen. Nun ist es aber so, dass es Menschen gibt, die es leichter haben als andere. Sie sind vielleicht schön, intelligent oder reich. Sagen wir, sie bekommen ohne große Anstrengung täglich ihre benötigten 100 Streicheleinheiten und sogar manchmal noch viel mehr. Sie reagieren darauf, indem sie anspruchsvoller werden. Nicht alles, was für andere völlig tauglich ist, ist für sie dann auch eine akzeptierte Einheit. Sie justieren nach. Manchmal werden sie überheblich und arrogant. Was aber machen die anderen, die zu wenig bekommen. Sie fangen an, ihre Umgebung darauf aufmerksam zu machen. In unserer modernen Gesellschaft ist das ziemlich nutzlos und unwirksam. Dann fangen sie an, anzugeben. Auch das führt nicht zum Erfolg, ist sogar häufig kontraproduktiv. Sie probieren den nächsten Schritt aus, nämlich schlecht über andere zu reden. Das funktioniert merkwürdigerweise meist ganz gut. Andere machen mit Spaß mit. So wird sehr gern über die Vorgesetzten, die Nachbarn, Fremde und Bekannten hergezogen. Wenn die alle blöd sind, merkt doch vielleicht auch mal einer, dass ich besser bin. Fachleute wissen, dass das sehr beliebt ist, aber eine Subkultur darstellt und nicht wirklich hilft. Viele gehen dann dazu über, sich die Streicheleinheiten durch die Zugehörigkeit zu einer sozialen Einheit zu holen. Ich bin Deutscher (Denker und Dichter), Schalke-Fan oder gehöre zur Leitung der Behörde usw. Treffen sie auf Zuhörer, die das ähnlich sehen, schwelgen sie mit großer Genugtuung in den fremden und geliehenen Streicheleinheiten. Das funktioniert bei unglaublich vielen Menschen. Sie holen sich einen Teil ihrer benötigten Streicheleinheiten, ohne selbst etwas zu leisten. Was ist daran schlimm? Sie bleiben ja immerhin psychisch gesund. Mit der Zeit verinnerlichen sie aber die eigentlich fremden Strukturen. Diese werden ein Teil der Persönlichkeit, sie deformieren. Das wird sehr unangenehm und gefährlich, wenn diese Teile von anderen nicht anerkannt oder sogar angegriffen werden. Ein Fan fühlt sich deshalb persönlich angegriffen, wenn jemand etwas gegen den Verein sagt. Für ihn ist das ein gefährlicher persönlicher Angriff. Die Reaktionen sind dann auch Aggression und Gewalt. Bei einem großen Teil der alltäglichen Aggressionen ist die Ursache ein gestörter oder zu schwacher Selbstwert. Wenn man den z.B. damit ernährt, Deutscher zu sein, bildet man gleichzeitig abwehrende und erniedrigende Einstellungen gegen die Gruppenfremde. So geschieht es nahezu automatisch, dass man gegen Ausländer und Flüchtlinge ist. Dann richten sich auch sofort die meisten Aggressionen gegen den nun erkannten „Feind" und das auch ohne jeden Angriff.

Leider verstärken auch manche Organisationen diese Mangelprobleme. Wenn nämlich der eigene Arbeitgeber nicht genug „Streichgeleinheiten" verteilt, darf er sich nicht wundern, wenn es langfristig ernste Probleme gibt. Der Wachdienst z.B. wird zwar immer als wichtige Einheit genannt, aber die entsprechende Wertschätzung bekommt er nicht in ausreichendem Maße. Die Kollegen fühlen sich eher wie das letzte Rad am Wagen. Sie suchen ihre Anerkennung woanders. Beim Bürger werden sie leider auch nicht fündig. Obwohl die Polizei zu den angesehensten Berufen gehört, erfährt der Kollege auf der Straße mit seinen Maßnahmen sehr häufig Ablehnung (vermeintliche Statusdiskrepanz). Das ist so nicht gut auszuhalten und eines der Gründe, weshalb viele so empfindlich sind und unangenehm reagieren. Das wissen wir alles, aber was wird tatsächlich getan? Wir werden sehen.

Ein Beruf kann Dich niederwerfen wie eine schwere Krankheit

Es wird dargestellt, wie verschiedene Krankheitsbilder und Störungen im Beruf entstehen, wie sie zusammenhängen und was vorbeugend innerhalb des Dienstablaufes und privat dagegen unternommen werden kann.

Trotz medizinischer Fortschritte und technischer Erleichterungen scheint die Arbeit Menschen immer häufiger krank zu machen. In den letzten 20 Jahren hat sich die Zahl der berufsbedingten Erkrankungen mehr als verdoppelt. Als Gründe werden insbesondere psychische Belastung, sozialer Stress und steigende Leistungsanforderungen genannt. Nur ein Drittel aller Arbeitnehmer erreichen überhaupt noch regulär das Rentenalter. Die Gründe liegen immer häufiger auch in psychischen oder psychosomatischen Bereichen. Das trifft besonders für psychosozial belastende Berufe zu. Dieser Trend scheint sich sogar noch zu verschärfen. Anforderungen wachsen, die Menge der Arbeit nimmt in vielen Bereichen zu, Probleme verschärfen sich und zugewiesene Ressourcen werden häufig reduziert. Selbst wenn die eigentliche Arbeitszeit beendet wird, kehren immer mehr verantwortliche Menschen in Gedanken und Gefühlen zu den Arbeitsproblemen zurück. Ein Loslassen wird schwieriger, wirkliche Erholung seltener. Leider trifft das die Motivierten besonders.

Belastende Berufserlebnisse können sehr unterschiedliche Reaktionen auslösen. Innerhalb eines Stressbewältigungsseminares berichtete ein Polizeibeamter, der seit langen Jahren im ersten Kommissariat arbeitete, dass er in den letzten Monaten immer häufiger nachts aufwache und erst nach Stunden wieder einschlafen könne, weil er von zurückliegenden Leichenfunden träume und unangenehme alte Bilder sehe.

Ein anderer schilderte, dass er mit den Jahren seiner Berufstätigkeit seinen kompletten Freundeskreis gewechselt habe. Verschiedene Familienangehörige hätten ihn öfter angesprochen, dass er sich sehr verändert habe. Bei Problemen sei er ungeduldig, regele alles sofort, ohne sich genug um die Meinung anderer zu kümmern. Mittlerweile habe er auch mit seiner Ehefrau ähnliche Probleme. Immer häufiger sei er schweigsam und halte sich aus allem heraus.

Eine kleine Gruppe musste, um Daten und Täterhinweise zu bekommen, sich mehrere Dutzend sehr harter Pornos anschauen. Die einzelnen Personen berichteten über jahrelange massive Störungen, Partnerschaftsprobleme und deutliche Veränderungen der Einstellungen zu ihrer Arbeit.

Mehrere Jahre nach einem folgenschweren Verkehrsunfall auf dem Weg von der Arbeit litt eine junge Frau noch immer an den Erinnerungen. Jedes Mal, wenn die Bedingungen ähnlich waren, z.B. Nieselregen und Dunkelheit, wie beim damaligen Unfall, bemerkte sie eine starke Erregung, Schweißausbrüche und gefährliche Konzentrationsstörungen. Der Besuch bei verschiedenen Ärzten brachte keine Besserung.

Die geschilderten Beispiele scheinen sehr unterschiedlich zu sein. Sie alle haben gemeinsam, dass Erlebnisse ihr Leben und auch die Person selbst teilweise erheblich verändert haben. Solche Störungen sind als *Posttraumatische Stresssymptome* (Post Traumatic Stress Disorder = PTSD), *burn out* und als *berufsbedingte Deformation* bekannt.

Kann man sich vor psychischen Belastungsstörungen schützen?

Kaum jemand bezweifelt, dass besondere Einzelerlebnisse oder jahrzehntelange Arbeitsbelastungen solche Spuren innerhalb einer Person hinterlassen können. Das ist insbesondere von helfenden Berufen und solchen Tätigkeiten bekannt, die durch außergewöhnliche Erlebnisse und belastende Beziehungen geprägt sind, wie Polizeibeamte, Feuerwehrleute, Justizvollzugspersonal, Krankenschwester, Pfleger, Ärzte usw. Die betroffenen Menschen entwickeln psychische Abwehrmechanismen als eine Art Notwehr gegen solche bedrohenden Einflüsse. Aus dem individuellen

Kranken werden dann beispielsweise, der "Magen" von Zimmer 12 oder der "Blinddarm" aus Zimmer 2. Die dahinterstehende Distanz hilft den Betroffenen offensichtlich, nicht alles an sich herankommen zu lassen. Gleichzeitig erwachsen aber damit Nachteile in der zwischenmenschlichen Sphäre. Die Beziehungen sind nicht mehr "nah", echt und vertrauensvoll sonder distanziert und kühl. Tritt das längere Zeit auf, so kann das auch die tatsächliche Wahrnehmung verändern. Das kann man bei Polizeibeamten beobachten, die z.B. oft jahrelang bei Geschwindigkeitsüberschreitungen regelmäßig rechtfertigend angelogen werden. Vereinfachende Vorurteile können dann die eigene Psyche schützen: „Die Verkehrsteilnehmer lügen doch alle.“ Erlebt man dann noch tagaus tagein, dass Verkehrsteilnehmer die „gut gemeinten“ Maßnahmen nicht akzeptieren und die Polizisten in diesem Moment ablehnen, so bleibt das langfristig nicht ohne Wirkung auf das eigene Selbstwertsystem. Obwohl das Ansehen der Polizei in der Bevölkerung gut ist, leiden viele Polizisten unter einer *vermeintlichen Statusdiskrepanz*. Sie glauben, verursacht durch die vielen negativen Reaktionen auf Repressalien, dass Sie selbst abgelehnt werden und ihre Arbeit allgemein nicht gewertschätzt wird. Das macht sie tendenziell nicht mehr ansprechbar für ehrliche Rechtfertigungen und/oder zum Teil sehr überempfindlich für ablehnende Signale der betroffenen Bürger. Nicht selten hat das sogar einen Einfluss auf die Schwere der Repressalien[14]. Häufig wird diese durchaus verständliche Dauerreaktion noch von innerdienstlichen Mängeln und fehlender individueller Wertschätzung der eigenen Organisation verstärkt.

Ein einzelnes Erlebnis kann ausreichen für eine krankhafte Schädigung

Neben diesen Langzeiteinflüssen geht eine besondere Wirkung von allen außergewöhnlichen Erlebnissen aus, die schon durch einmaliges Auftreten traumatische Folgen auslösen können. Man kann davon ausgehen, dass z.B. Betroffene von schweren

---

[14] Siehe Kapitel: *Fehler beim Einschreiten von Polizeibeamten.*

Verkehrsunfällen zu ca. 20% unter den Folgen jahrelang leiden und PTSD- Krankheitsbilder auftreten. Jeder der den Alltag von Feuerwehr und Polizei kennt, kann sich vorstellen, wie viele Möglichkeiten es gibt, ähnlich Schlimmes zu erleben. Dieses Krankheitsbild kann man unter anderem an folgenden Symptomen erkennen:

- sich wiederholende, stark belastende Träume,
- wiederkehrende, eindringliche Erinnerungen an den Vorfall,
- plötzliches Handeln oder das Gefühl, das traumatische Ereignis wiederhole sich gerade,
- teilweise auch mit Illusionen, Halluzinationen,
- Vermeidungsverhalten ähnlicher situativer Bedingungen,
- starke psychische Belastungsreaktionen bei Symbolen, die mit dem Ereignis in Verbindung gebracht werden,
- Unfähigkeit sich an einen wichtigen Bestandteil des Vorfalls zu erinnern,
- Gefühle der Isoliertheit,
- eingeschränktes Gefühlserleben,
- Schlaf- und Durchschlafstörungen,
- besondere Reizbarkeit,
- gesteigerte Wachsamkeit, gesteigerte Schreckreaktionen,
- erhöhte Irritabilität oder Wutausbrüche,
- Konzentrationsschwierigkeiten und
- vegetative Reaktionen.

Treten einige solcher Folgen für mindestens einen Monat auf, so wird von einer solchen Erkrankung ausgegangen. Diese Symptome können in jeder Mischung auftreten und sind manchmal nicht so ohne weiteres mit dem auslösenden Vorfall in Verbindung zu bringen. Beschäftigt man sich mit solchen Krankheitsbildern und spricht darüber, so trifft man auf wenig Einsicht und Verständnis bei Unbeteiligten. Die Betroffenen bestätigen in persönlichem Gespräch, dass sie sehr wohl mitbekommen haben, dass sie sich verändert haben und Beeinträchtigungen ihr Leben beeinflussen. Ihre nähere Umwelt nimmt darauf in der Regel keine Rücksicht. Noch mehr Unverständnis begegnet einem bei weniger massiven

Folgen z.B.: bei den „schwächeren“ schon beschriebenen "Berufsbedingten Persönlichkeitsveränderungen" mit charakterlichen Deformationen durch langanhaltende berufliche Einflussnahme oder bei Gefühlen des Ausgebrannt seins.

Traumata und berufsbedingte Deformationen haben gleiche Ursachen

Die beiden Beeinträchtigungen haben Gemeinsamkeiten. Es liegen nämlich vergleichbare Auslöser vor. Dadurch wird es möglich, notwendige Vorbeugung, Bewältigung, erforderliche Organisationsänderungen und entsprechende Pflichten der Verantwortlichen zu erkennen und zu nutzen. Zum Erkennen dieser Zusammenhänge sind einige grundlegende Überlegungen notwendig. Schon Sigmund Freud kannte das Trauma als Krankheitsbild. Er bezeichnete es als ein Erlebnis, welches dem Seelenleben innerhalb kurzer Zeit einen so starken Reizzuwachs bringt, dass die Erledigung oder Aufarbeitung desselben in normal gewohnter Weise misslingt, woraus dauerhaft Störungen resultieren. Aktueller formuliert:

Trauma ist ein *Erlebnis* (1), auf welches das Individuum *nicht in adäquater Weise reagieren* (2) kann,
das es *nicht verarbeiten* (3) kann und
das daher aus dem Bewusstsein *verdrängt* (4) wird.

Wenn Verantwortung empfindende Personen sich in einer bedeutenden Situation als hilflos oder nicht "richtig" handelnd erleben, so kann das eine schwere Bürde werden. Viele belastet auch später noch dieses Erlebten. Oft wird aber übersehen, dass das auch bei angeblich "richtigem" Verhalten auftreten kann. In diesen Fällen wird der Betroffene mit seiner Reaktionsqualität oder mit den Folgen nicht fertig. Dafür findet man deutliche Indizien bei den Inhalten von Verdrängungen, wie sie von Ärzten geschildert werden (Punkt 4 der Definition):

- Gefühle der Hilflosigkeit, des Ausgeliefertseins,

- irrationale, gegen die eigene Person gerichtete Schuldvorwürfe,
- Verzweiflung: Warum ich, warum muss das mir passieren und
- automatische, immer wiederkehrende Gedanken, magische Kreise und
- schnell zunehmende Energielosigkeit.

Betrachtet man die Definition, so fällt sofort auf, dass sich für eine Vorbeugung oder eine berufliche Vorbereitung zwei Bereiche anbieten. Auf der einen Seite wird es einen Sinn machen,

- Individuen auch in Krisensituationen *handlungsfähig* zu erhalten und
- andererseits eine wirkungsvolle und systematische *Nachbereitung und Verarbeitung* zu gewährleisten.

Das ist einfach geschrieben, aber in die Praxis schwer zu übertragen. Es wird besonders wichtig sein, solche Strategien und Hilfen für Menschen vorzusehen, die mit solchen Erlebnissen beruflich häufiger konfrontiert werden. Das hat deshalb besondere Bedeutung für gefährdete Beruf, wie Polizei, Feuerwehr, Helfer in Krisengebieten usw. und gilt besonders für Spezialeinheiten (SEK, MEK, Notarztsanitäter usw.). Um nicht falsch verstanden zu werden, unter einer entsprechenden schützenden Nachbereitung kann nicht nur diejenige nach besonderen Ereignissen verstanden werden, sondern auch die im normalen Alltag als "förderliches, annehmendes Klima", als "systemische, soziale Unterstützung", als „normale“ Alltagskommunikation. Die Wirksamkeit der Vorbeugung hängt nämlich wesentlich davon ab, wie regelmäßig und selbstverständlich solche Inhalte bearbeitet werden. Eine Reduktion auf Einzelerlebnisse kann höchstens als Nothilfe verstanden werden, aber nicht als vorausschauendes und verantwortliches Organisationshandeln. Für eine solche integrierte Vorbeugung sind neben dem Mitarbeiter, der Vorgesetzte und die Organisation verantwortlich. Dieses Gebiet erstreckt sich nicht nur auf einen Bereich der gesundheitlichen und ethischen Verantwortlichkeit, sondern auch auf einen juristischen Hintergrund. Kommt es nämlich in einer Ausnahmesituation zu einer "Fehlleistung", wird regelmäßig nur der Handelnde gerichtlich zur Rechenschaft gezogen. Die Verantwortung und "Mitschuld" der Verantwortlichen in der Organisation werden meist ausgeklammert, weil sie unbekannt oder zu abstrakt ist. In einigen Fällen müssten zur Relativierung neben den Akteuren auch die Fortbilder oder "Unterlasser" mit auf der Anklagebank sitzen. Zusätzlich sollte aber mit der üblichen Meinung aufgeräumt werden, dass Einsatzkräfte unter allen Bedingungen alles richtig machen können. Manches ist wirklich zu viel erwartet, anderes manchmal auch zu wenig. Es lohnt sich durchaus, das genauer zu betrachten.

1. "Adäquates" Handeln muss gefördert werden

(Punkt 2 der Definition)

Bevor jemand reagiert, nimmt er Signale und Reize aus der Umgebung auf. Sieht, hört, erkennt, wertet aus, bewertet, wählt aus und handelt. So oder noch genauer kann ein Handlungsablauf betrachtet werden. Um solche Vorgänge begreifen, beurteilen und vor allem verbessern zu können, ist es erforderlich, sich die normalen Abläufe in unserem Organismus etwas genauer anzuschauen. Zuerst wird ein Reiz wahrgenommen. Man kann allerdings nur das sehen und wahrnehmen, was man kennt. Unbekanntes ist ziemlich „bedeutungslos." Ist es bekannt und zugeordnet, erfolgt eine Bewertung und eine strategische Entscheidung. Mit dem geschilderten Reizeingang beginnt auch gleichzeitig eine "Schrecksekunde"[15]. Sie löst eine weitgehende Bewegungsstarre aus. Bewegungen und Reaktionen sind vorübergehend aufgeschoben (2).

[15] Die gibt es nicht, sie kann betragen ca. 0,6 bis 20 Sekunden

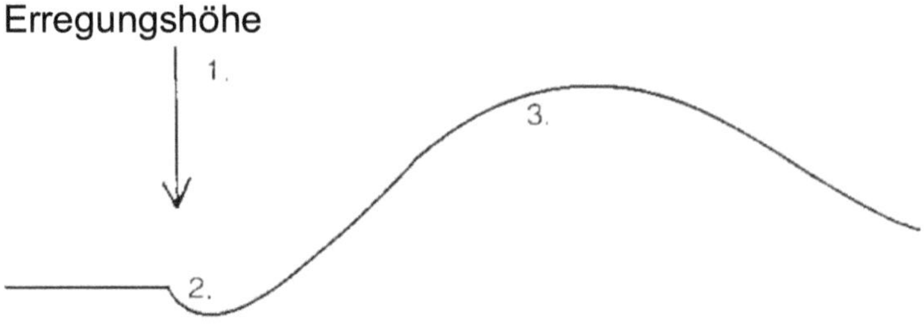

Das anfängliche Erregungsniveau sinkt ab, um danach erst explosionsartig anzusteigen. Diese Besonderheit erstaunt zunächst. Sie erklärt sich aber, wenn man bedenkt, dass allein unser Auge an das Gehirn mehrere Millionen Informationen je Sekunde sendet. Bewusste Verarbeitung ist aber nur mit ca. 7 Informationen möglich. Diese totale Überforderung kann nur durch Filter (Einstellungen, Gefühle, Kategorien, Vorurteile Konzentration usw.) und durch verhältnismäßig *gleiche* und identisch wiederkehrende Informationen verarbeitbar gemacht werden. Dann wird es für das Gehirn möglich, auf wesentlich weniger Daten zu reagieren, die nur noch die Veränderungen abbilden. Ein sich nicht mehr bewegender Kopf sendet in diesem Sinne <u>identische</u> Millionen Informationen. Eine praktische und sinnvolle Auswertung wird möglich, weil nur die Veränderungen beachtet werden. Im Gegensatz dazu würde ein sich hektisch bewegender Körper eine Reizüberflutung verursachen. Ständig sich verändernde Inhalte würden die Ermittlung einer Überlebensstrategie unmöglich machen. Vermutlich haben wir stammesgeschichtlich nur deshalb überlebt, weil wir solche reduzierende Besonderheiten ausgebildet haben. Entgegen landläufiger Meinung und älterer Unfallforschung kann die hier skizzierte Schreckzeit nicht eine Sekunde sondern von 0,6 bis zu ca. 20 Sekunden andauern. Das kennen die Sondereinheiten, wenn sie z.B. Blendgranaten verwenden. Sie rechnen dann berechtigt damit, dass mehrere Sekunden nichts geschieht. Die Länge wird allgemein betrachtet bestimmt von der spezifischen Reizverarbeitung und von der objektiven Reizintensität. Die daraus resultierende *subjektive* Reizqualität ergibt sich aus:

1. der objektiven Gefährlichkeit und Intensität des Reizes,
2. dem Selektivitäts- und Aufmerksamkeitsgrad der Wahrnehmung,
3. den individuellen Erfahrungen, Kognitionen, Bekanntheitsgraden, Einstellungen,
4. den Bewertungen, Auswertungsgewohnheiten,
5. der Handlungskompetenz und Handlungssicherheit, dem Trainingsgrad,
6. der momentanen Gestimmtheit (z.B. Angst, Vorerlebnisse),
7. dem momentanen Erregungsgrad,
8. den angeborenen Dispositionen.

Es ist unmittelbar einsichtig, dass ein großer Teil (2-7) der aufgeführten Faktoren für die subjektive Reizqualität durch spezielle Fortbildung und abgestimmtes Training verändert werden kann. Ob jemand eine Lage als bedrohlich einstuft, hängt ganz erheblich von seinen Erfahrungen und bisherigen Verarbeitungen ab. Während die Informationsverarbeitung durch wohlüberlegte Fortbildung gezielt strategisch und ressourcensparend verbessert werden kann, ist die Bewertung und Verarbeitung von den Einsatzerfahrungen, den Grundhaltungen und den Nachbereitungsgewohnheiten oder dessen Ausbleiben abhängig. Werden alle Bereiche bearbeitet, können nicht nur *Krankheiten und Deformationen* verhindert werden, sondern es wird auch eine Reduzierung der Reaktionszeiten eintreten. Das kann auch im Einzelfall *Leben retten und vor Gesundheitsschäden schützen*. Diesen Bereich unbearbeitet zu lassen oder ihn dem Zufallsgeschehen zu überlassen, hieße sich der Fürsorgepflicht und der Führungsverantwortung entziehen und zusätzlich nutzbringenden Trainingsraum zu verschenken. Um solche Nachteile zu vermeiden, ist es ratsam, sich den Verarbeitungsvorgang weiter genau anzusehen. Die aktuelle Situation trifft als Reizbündel auf einen Menschen, der folgende Möglichkeiten empfinden kann:

1. Es gibt nichts Sinnvolles zu tun, man ist ausgeliefert.
2. Es gibt Handlungsmöglichkeiten, sie sind jedoch nicht bekannt.
3. Reaktionsweisen sind bekannt, aber nicht geübt. Damit ist der Verarbeitungs- und Entscheidungsaufwand noch sehr hoch,

Handeln ist schwierig, verzögert, ausgesetzt oder sogar unmöglich.
4. Es liegt Trainingserfahrung vor mit professionalisierter Aufwandsreduzierung, jedoch die Erregung ist hoch, eine Stresshemmung liegt vor.
5. Der zum Handeln Aufgeforderte ist trainiert, sein Entscheidungsaufwand ist reduziert. Er kann Stressbelastungen managen, er regiert sofort, schnell und richtig.

Nur die letzte Version schützt vor negativen Folgen. Das mögliche Verhalten ist jetzt optimiert. Betrachtet werden muss jetzt noch die Verarbeitung und Bewertung danach.
Unwirksame oder falsche Bewertungen des Erlebten können trotzdem, insbesondere wenn sie dem normalen Alltag überlassen bleiben, eine schädigende Wirkung ausüben.

Fehlende oder falsche Erlebnisverarbeitungen machen krank
Das wird klarer, wenn man sich die inneren Abläufe weiter ansieht: Nach der "Schreckzeit" und der Voreinschätzung der Bedrohung und Handlungsmöglichkeiten findet ein Anstieg der Erregung statt. Diese anschließende Erregungserhöhung ist hinsichtlich der Höhe, Länge und qualitativen Richtungsausprägung von einer Reihe von Bedingungen abhängig. Ihre Qualität selbst muss unter den Gesichtspunkten des Angriffs- oder der Fluchtimpulse betrachtet werden. Beide Richtungen sind angeboren. Die Richtungsentscheidung, eher zu flüchten oder anzugreifen, erfolgt kurze Zeit nach der Schreckzeit und ist zunächst gekoppelt an persönlicher Veranlagung, an die geglaubte Gefährlichkeit und die zur Verfügung stehenden Erfahrungen und Handlungsmöglichkeiten. Es ist klar, bei bestimmten Reizen fliehen alle. Es gibt aber auch Signale, die erlebt z.B. ein Autofahrer als völlig normal und ein anderer bekommt einen Schreck und ist stark gestresst. Von zusätzlicher und entscheidender Bedeutung sind dabei aber auch noch Einstellungen, Werte und Rollenauffassungen. Eine Person mit angreifender Grundausrichtung und ebensolcher Rolleneinstellung ist umso weniger in der Lage, vermeidungsorientiert zu handeln,

wie angreifende und regelnde Rollen ausgeprägt sind. Ein Berufsbild, das unausgesprochen ein angreifendes Verhalten fordert, muss mit einer solchen Einschränkung der Entscheidungs- und Handlungsfreiheit leben. Diese spezifischen Rollen werden meist auch noch durch die Aus- und Fortbildung und durch die Handlungszwänge des alltäglichen Dienstes gefördert. Wie stark eine regelnde, angreifende Rolle in z.B. den Spezialeinheiten verbreitet ist, kann jeder Insider selbst abschätzen. Viele sinnvolle, defensive Handlungsalternativen scheiden allein wegen solcher "inneren" Richtungszwänge aus. Selbst wenn sie kognitiv vorhanden sind, geschult wurden, reicht geringer Stress aus, sie nicht handlungsleitend werden zu lassen.

Gute Vorbereitung umfasst deshalb auch eine professionelle Stressbewältigung, Beherrschung von entscheidungs- und emotionsminimierenden Strategien und vielfältiger gut eintrainierter Handlungsalternativen. Das ist aber nicht einfach. (Lesen Sie bitte im letzten Kapitel die genauere Darstellung von der Abhängigkeit Stress und Leistung). Hier nur so viel: Es gibt den Bereich "guter" Leistungsfähigkeit und einen Bereich des Leistungszusammenbruchs. Das bedeutet, dass Unterforderung wie auch Überforderung einen negativen Einfluss auf die individuelle Leistungsmöglichkeiten hat. Das verschlimmert sich noch durch die Schwierigkeit der zu erledigenden Aufgabe.

Schwierige Aufgaben vertragen gar keinen Stress

Die Leistungsfähigkeit unter Stress ist nicht bei jedem Menschen, jeden Tag oder zu jeder Tageszeit gleich ist. Eine ständig sich ändernde Leistungsbandbreite erfordert auch einen sich ständig anpassenden Umgang mit diesen Schwankungen. Die Bedeutung dieser Verpflichtungen für alle Beteiligten wird noch von dem Umstand deutlich unterstrichen, dass diese Schwankungen auch noch von der Schwierigkeit der zu lösenden Aufgabe beeinflusst werden[16]. Dieser Teil wird im letzten Kapitel ausführlich dargestellt

[16] Siehe Yerkes-Dodson-Gesetz (nach Robert Yerkes und John D. Dodson) und letztes Kapitel,

und kann kurz nachgelesen und hier sinngemäß angewendet werden. Es wird dann klar, dass sich ein Leistungsvorteil nur bei geringer Stressbelastung ergibt. Schon bei mittleren Aufgaben oder mittlerer Erregung ist mit Leistungshindernissen oder Einbrüchen zu rechnen. Besonders katastrophal wirkt sich das auf den Bereich der "schwierigen" Aufgaben aus. Aus diesen Zeichnungen erklärt es sich auch, warum viele Menschen im Anschluss an ein aufregendes Erlebnis sich fragen: "Warum habe ich nicht das gesagt und jenes?" "Warum habe ich nicht so reagiert?" Nachher, wenn die Erregung abklingt, weiß man alles wieder und ärgert sich. Ähnliche Zusammenhänge gelten auch für die sogenannten Trainingsweltmeister. Außerhalb der Wettkämpfe leisten sie Erstaunliches, sehen sie aber ihre Gegner, hören die Zuschauer, ist alles vorbei. Diese Erkenntnisse sind für Hochleistungssportler kein Geheimnis mehr. Es genügt eben schon seit langer Zeit nicht mehr, durch Training aus schwierigen Aufgaben mittlere oder leichte zu machen.

Unbedingt dazu gehört deshalb das Mittrainieren von erregungsregulierenden Teilen. Es wird Zeit, diese Erkenntnisse auch für Einschreitsituationen zu übernehmen. Spezialeinheiten, die in der Regel schon intensiv daran arbeiten, den Entscheidungsaufwand für ihre Aufgaben zu reduzieren, können es sich eigentlich nicht erlauben, diese Verbesserungsmöglichkeiten unbeachtet liegenzulassen. Die Öffentlichkeit hätte auch kein Verständnis dafür, wenn solche Chancen nicht genutzt würden. Es geht dabei ja auch nicht um Stabhochsprung, sondern um Leben und Gesundheit - auch der einschreitenden Akteure. Die Forderung lautet deshalb: In der Ausbildung, im Bereich der Fortbildung und im alltäglichen Dienst müssen <u>beide</u> Trainingsrichtungen genutzt werden. Um es noch einmal aus der Sicht des Handlungsalltags zu verdeutlichen, grundsätzlich sollten viele emotionsreduzierenden Einzelheiten aus der Stressbewältigung, unter Einschluss kollektiver Instruktionen und mentaler Verfahren im <u>Alltagsablauf</u>, <u>vor</u> jedem Einsatz, <u>im</u> Einsatz und <u>nach</u> jedem Einsatz bearbeitet und kultiviert werden. Einsatzstress ist aus dieser Sicht zu gefährlich und erfordert eine umfassende Bewältigungsstrategie. Planspiele und Übungen sind zu wenig.

Es bietet sich an, die gleichen Einzelheiten innerhalb der Phasenstruktur anzustreben, die in NRW bei der Integrierten Fortbildung (IF) eingeführt wurden[17]. Eine sinngleiche Anpassung auf die Besonderheiten der Spezialeinheiten kann natürlich erfolgen. Danach ist neben der Umstrukturierung des Alltagsgeschehens eine entsprechende Vorbereitung mindestens in vier Schritten anzustreben:

- individuelle mentale Vorbereitung, Datenabgleich, Ziel- und Aufgabenanalyse,
- Absprachen, Aufgabenteilung, systematische Aufmerksamkeitssteuerung usw.
- Kollektive Instruktionen (KI) und
- Positive Selbstinstruktionen (PSI) und mentale Trainingsteile.

Ähnliche Inhalte gelten auch für die Zeit innerhalb einer Einsatzsituation. Bei solcher "Pflicht"- werden neben den taktischen und rechtlichen Nachbereitung Würdigungen auch auf der partnerorientierten Ebene der Einsatzteams das individuelle und kollektive Verhalten in allen Einzelheiten besprochen und nacherlebt. Hier kann nicht die Suche nach Fehlern und Schuldigen im Vordergrund stehen, sondern die Möglichkeiten der Zukunft, Vorsätze und neue Überlegungen. Das Gesamtverhalten sollte dabei unbedingt vom Zufall abgehoben werden. Das heißt, es wird besprochen, was beeinflusst wurde und was sich zufällig ergeben hat. Je nach situativer Möglichkeit erfolgt:

- taktische, rechtliche Gesamteinsatznachbereitung,
- individuelle, partnerorientierte Nachbereitung,
- Zufallsabhebung,
- Vorsätze, Pläne, neue Strategien, Lernverträge.

---

[17] siehe letztes Kapitel
(1989b). *Konfliktbewältigung ohne Gewalt?* Deutsches Polizeiblatt. Jahrgang 3. Heft 6.;(1996). *Einsatzkommunikation und Konfliktmanagement.* In: PDK-Lehrbuch, Hersg. R. Taschenmacher

Diese aufgeführten Einzelheiten gelten für den Bereich des normalen Einzeldienstes. Es ist offensichtlich, wie viel zusätzliche Mühe und Sorgfalt für die Bereiche der Spezialeinheiten nötig wären. Obwohl für den einen oder anderen Leser schon sehr viele Forderungen aufgetaucht sind, ist allein für die Handlungsfähigkeit noch lange nicht alles ausgeschöpft. Völlig unbearbeitet bleibt in der Praxis bisher der Bereich der systemischen mentalen Trainingsteile.

Jedem Informierten ist klar, dass hochkompliziertes situatives Verhalten unter erregenden Einsatzbedingungen in einem Training nur in kleinen Schritten und nur durch ganzheitliche Vorgehensweise zu verbessern sein wird. In solchen Fällen ist, neben der Gewährleistung möglicher Lehrgangseffekte, eine sinnvolle Strategie, eine hohe Wiederholungsfrequenz der Trainingsinhalte anzustreben. Das erfolgt in dem Sinne, aus schweren Aufgaben leichtere zu machen und führt zu den Überlegungen regelmäßiger Auffrischungen. Diese Forderung gilt besonders für die zusätzlichen Einzelheiten des geschilderten Stressmanagements. Es ist aber unrealistisch anzunehmen, dass mit den heutigen personellen und materiellen Möglichkeiten eine fundierte und zeitüberdauernde Handlungskompetenz sicherzustellen sein wird. Um diese Gefährdung der Effekte, insbesondere im Alltag, aufzufangen, müssen alle Möglichkeiten genutzt werden, die das Ergebnis verbessern könnten. Hierzu zählen insbesondere die vielen kostenneutralen mentalen Trainingsteile und trainingsunterstützenden mentalen Handlungsteile. Eine einfache Übernahme aus dem Sport ist dabei nicht möglich. Im sportlichen Trainingsbereich sind die Regeln und Bedingungen weitestgehend bekannt. Ein Automatismus bis hin zum reflexhaften Ablauf ist erwünscht. Mit anderen Worten, das Ende jeder Handlung steht im Sportbereich ziemlich gut fest. Es kann mit eingebaut werden. Dieser sinnvolle Vorgang kann in polizeilichen Situationen lebensgefährliche Folgen haben. Ändern sich nämlich die Bedingungen, so ist ein stark Trainierter wesentlich schlechter in der Lage, sein Verhalten anzupassen. Ist ein Ausgang einer Handlungskette sogar von vornherein unbekannt, ist ein Training mit <u>geschlossenen</u> mentalen Methoden unsinnig und gefährlich. In diesem Bereich ist allerdings ein Einsatz offener mentaler Methoden möglich.

Eine Weiterführung dieser Grundsatzüberlegungen führt dazu, dass auch Trainingsteile benötigt werden, die im normalen Dienstalltag, also nicht nur in gesonderten Trainingssituationen, durchgeführt werden können. Ein regelmäßiger Einsatz von Training, Auffrischung und ständigen (mehrmals wöchentlich) mentalen praktischen Alltagstrainings ergeben letztendlich eine so hohe Trainingsfrequenz, dass von einer Umsetzung und verfestigender Handlungskompetenz ausgegangen werden kann, ohne zusätzliche Kosten und Personalressourcen anzugreifen. Es werden also benötigt:

- verschiedene aufbauende Aus- und Fortbildungsteile,
- ein spezifisches Alltagsprogramm,
- Auffrischungsveranstaltungen,
- mentale Trainings für feststehende Handlungsketten,
- offene mentale Trainingsinhalte und mentales Alltagstraining[18].

Die Besonderheiten der mentalen Trainingsmöglichkeiten können hier nicht genauer besprochen werden. Sie umfassen aber sehr wirksame und dynamische Strukturen, die Verantwortliche kennen sollten. Sie einfach aus anderen Bereichen (z.B. Hochleistungssport) zu übernehmen und umzusetzen, ist unverantwortlich und gegebenenfalls lebensgefährlich. Das gilt im begrenzteren Umfang auch für sehr häufig durchgeführte Übungen. Sie setzen neben den Handlungsteilen auch mentale Inhalte um, die sehr gefährlich oder kontraproduktiv sein können. Die "Notwehr"-Übung, z.B. mit hoher Geschwindigkeit: *Tasche öffnen - Ziehen - Zielen - Schießen* häufig ausgeführt, kann dazu führen, dass im praktischen Ernstfall der Beamte sich genauso verhält, wie er es als ganzheitliche Handlungskette trainiert hat und auch dann schießt, wenn es nicht sinnvoll ist. Schießen ist eben dann mental programmiert und wartet nur auf den auslösenden Reiz, der hier sogar automatisch durch

---

[18] Genaueres sprengt hier den Rahmen ist aber nachzulesen im Manual für Fahr- und Sicherheitstraining, HLPS Münster, 1. Ausgabe

das "Zielen" ausgelöst wird. Es wird sehr viel Vernünftiges in der Fortbildung geleistet, allerdings wird in vielen Bereichen sträflich zu wenig trainiert, und in anderen Bereichen müssen wir sogar froh sein, dass keine Trainingswirkung eintritt. Es erübrigt sich, daran zu erinnern, dass diese ganzen "Fortbildungsmaßnahmen" auch auf die Einstellungen und Werte des Einzelnen einen "unkontrollierten" Einfluss ausüben. Ohne eine regelmäßige, aber systematische Nachbereitung können hier auch Hypotheken erwachsen, die keiner abzahlen will und kann.

2. Erlebnisse müssen systematisch verarbeitet werden

(Punkt 3 der Definition)
Traumatische Folgen können eintreten, wenn das Individuum das Erlebnis nicht verarbeiten kann. Gemeint ist neben der zu großen Dimension des Ereignisses selbst eine fehlende persönliche Kompetenz. In solchen Fällen ist es hilfreich, eine soziale Unterstützung durch andere zu gewährleisten, damit eine Verarbeitung möglich wird. Es ist für die Planung von Verbesserungen zu unterscheiden, das Individuum zu stärken (2.1), um die Verarbeitungsqualitäten zu verbessern und andererseits die Möglichkeiten zu nutzen, die der soziale Kontext leisten könnte (2.2). Weiter muss unterschieden werden zwischen einer generellen Nachbereitungskultur (2.3) und einer Krisenintervention (2.4) nach besonderen Ereignissen.

2.1 Persönliche Kompetenzen schützen auch vor Krankheiten

Die persönliche Verarbeitungsmöglichkeit ist sehr eng gebunden an Kompetenzen, Erfahrungen, Einstellungen, Werten, Rollenauffassungen, berufsethischen Vorstellungen und entsprechenden Bewertungsgewohnheiten. Wichtige Dimension ist dabei die schon mehrfach angesprochene erlebte Hilflosigkeit. Sie kann, wie schon dargestellt, durch Erweiterung der tatsächlichen und mentalen Handlungskompetenz reduziert werden. Erlebt jemand Hilflosigkeit und bearbeitet sie aus bestimmten Gründen nicht, und die soziale Gruppe nimmt ebenfalls keine Notiz davon, so kann das auf längerer Sicht zu Handlungsunfähigkeit führen. (Dieses Phänomen ist in der Literatur ausführlich als "Erlernte Hilflosigkeit" beschrieben). Durch eine spezifische Nachbereitung kann das verhindert werden. Das alles allein und selbständig aufzubereiten, ist für viele Menschen nicht möglich, es überfordert sie. Welche Bedeutung solch eine Handlungshemmung oder Handlungsunfähigkeit für einen gefährlichen Einsatz haben kann, wo jeder auf den anderen angewiesen ist, kann sich jeder Praktiker vorstellen. Jeder Rennfahrer, jeder Hochleistungssportler wird in diesem Sinne nach besonderen Ereignissen betreut oder seine Karriere ist zu Ende, weil er nicht mehr die geforderten Superleistungen bringen kann. Für Beamte der Spezialeinheiten hat das keine Bedeutung? Sie sollen unbeeinflusst weiterarbeiten?

Nicht viel anders ist es, wenn tatsächlich gehandelt wurde. Gezeigtes Verhalten kann im Nachhinein trotzdem für das Individuum große Probleme aufwerfen. Kritik und "sachliche" Analysen können das auslösen oder verschlimmern. Andererseits schützt allgemeine Zustimmung der anderen dabei ebenso wenig vor persönlichen Problemen wie Zustimmung der Vorgesetzten. Persönliche Verarbeitung hat eine eigene wertgebundene Dimension und Dynamik.

2.2 Unternehmenskultur für Spezialeinheiten?

Es ist sicherlich klar geworden, dass es förderliche und hinderliche Bedingungen gibt. Die Folgen von Nichtverarbeitung können neben der klassischen Verdrängung auch irrationale Bewertungen, Realitätsablösung, automatische Gedanken und magische Gedankenkreisläufe sein. Schuldgefühle, zwanghafte Selbstvorwürfe und ähnliche Dinge sind im Gegensatz dazu eher durch das verursacht, was wir Gewissen nennen. Dieses "Über-Ich", wie Freud es nennt, besteht aus verinnerlichten Werten, Normen und Einstellungen. Normalerweise sind diese Ausrichtungen sehr resistent, sie können von Außenstehenden fast gar nicht verändert werden. Das Individuum selbst ist schon eher in der Lage, hier etwas zu verändern, wenn es denn will. Allerdings gibt es eine

Besonderheit. Eine Gruppe, entsprechende Arbeitsbedingungen und psychische Zwänge haben über längere Zeit die Macht, langsam und meist unauffällig eine entsprechende Anpassung zu verursachen. Das geschieht leider auch in Richtungen, die der allgemeinen Gesellschaft Sorgen bereiten kann. Dieses "Arbeitsklima" hat eine größere Bedeutung als ihm normalerweise zuerkannt wird. Bekannter ist, dass über die Zeit als erstes sich die Sprache ändert. Das geht natürlich nicht ohne Änderungen in den Kognitionen und Denkabläufen. Gegenstand der Änderungen ist in der Regel der Arbeitsinhalt. Besteht dieser Inhalt aus menschlichen Kontakten, so muss mit einer Veränderung des Menschenbildes gerechnet werden. Hierzu ein „normales“ Beispiel: In der großen Pause einer Schule kann man im Lehrerzimmer folgende Dialoge hören:*" Die 12a, die sind unmöglich". "Ja, es wird immer schlimmer, man kann machen, was man will". "Ist da nicht der X? Der müsste sowieso von der Schule fliegen".* Dieser Lehrer geht anschließend wieder genau in diese Klasse und spricht den X an. Wenn solche Interaktionen, so verständlich sie auch sein mögen, häufig oder täglich auftreten, wird das Bild von Einzelnen und von Schülern im Allgemeinen so verändert, dass wachstumsförderliche Beziehungen nicht mehr möglich sein werden. Wie viel einfacher ist ein derartiges Abgleiten des Menschenbildes bei Gewaltverbrechern, Terroristen und anderen sozial schädlichen Subjekten. Besonders gut funktioniert es, wenn auch noch Witze darüber gemacht werden. Leider hat diese sich entwickelnde Einstellung unter Umständen die schlimmsten Exzesse zur Folge, weil das kontrollierende Unrechtsbewusstsein stufenweise beseitigt wird. Nur in einem Klima, wo jeder auf den anderen aufpasst, wo auch die normalen alltäglichen Interaktionen eigenverantwortlich beobachtet und kultiviert werden, besteht ein Schutz vor solchen Deformationen. Es ist in diesem Zusammenhang durchaus keine Pingeligkeit, wenn z.B. ein Vorgesetzter oder Teampartner versucht, solche schädlichen Interaktionen oder Witze zu verhindern. Jeder Insider spürt, dass das schwierig werden wird, weil keine ausreichende Einsicht dafür vorhanden ist. Die beste und einfachste Möglichkeit besteht deshalb darin, wie oben schon mehrmals empfohlen, es zum System zu erheben und es einfach zu machen. Kulturveränderung geht am schnellsten mit der ausschließlichen *Förderung der Träger der neuen Kultur*, nicht mit Appellen und Strafen.

2.3 Systematische Nachbereitung löst die meisten Probleme

Taktische und rechtliche Einsatznachbereitung ist in vielen Bereichen üblich. Zielrichtung ist, zu analysieren und daraus zu lernen. Häufig wird aber von der ersten Minute an, evtl. auch unbeabsichtigt, nur der Schuldige gesucht. Ständige Beurteilung und Bewertung im Alltag legt das auch sehr nahe. Professionelle Problem- und Fehleranalysen vermeiden aber gerade diesen Bereich, weil er nur demotivierend und destruktiv ist. Der Mensch hat, vielleicht nicht zufällig, die Augen vorn. Es müssen die Bedingungen herausgearbeitet werden, die Schwierigkeiten verursachten, um für die Zukunft daraus zu lernen. Was muss getan werden, damit das nicht noch einmal so passiert. Wird im Gegensatz dazu ein Schuldiger gesucht, wird alle Energie auf Verteidigung, Rechtfertigung, auf Lug und Betrug gelegt. Einsicht und Lernen für die Zukunft, ist weitestgehend ausgeschlossen. Es bleibt nur, solche Situationen zu vermeiden oder in der Situation noch hilfloser zu werden. Damit ist dem Einsatzziel natürlich nicht gedient und die persönliche Stressbelastung wird zusätzlich noch ansteigen. Ist aus der Sicht des Strafverfolgungszwanges eine Schuldfrage zu stellen, so sollte sie evtl. von außen, von anderen Menschen erfolgen. Neben dieser üblichen Nachbereitung ist Zufallsabhebung, individuelle und partnerorientierte Nachbereitung mit Vorsatzfassung, mit neuen Plänen, neuen Strategien und Lernverträgen sinnvoll. Über die Zufallsabhebung ist schon gesprochen worden, der Schwerpunkt der verbleibenden Bereiche liegt in der subjektiven, individuellen Erlebniswahrnehmung, Erinnerung und Verarbeitung. Im Gegensatz zur noch darzustellenden Krisenintervention bei besonderen Anlässen kann diese Aufgaben auch ein eingewiesener Gruppenleiter wahrnehmen. Es genügt in der Regel, über die genannten Dinge zu reden. Allerdings nicht zufällig, so nebenbei, sondern gezielt, systematisch und mit einer Interaktionskompetenz des Moderators, die mindestens

"Aktives Zuhören" (AZ) und "Verbalisierung von emotionalen Erlebnisinhalten" (VEE) beinhalten muss.

2.4 Kriseninterventionen sind ein Sonderfall

Im Gegensatz zu dem bisher Gesagten sollte eine Arbeit nach besonderen Ereignissen unbedingt externen Fachleuten überlassen bleiben. Diese müssen nicht nur das persönliche Vertrauen genießen und akzeptiert werden, sondern auch spezielle Kompetenzen und praktische Erfahrungen mit diesem Problembereich erworben haben. Aus der Sicht einer schon arbeitenden Gruppe des Instituts für praktische Berufsethik sollten bei dieser Art der Arbeit nicht nur der Betroffene sondern auch die Gruppe und gegebenenfalls auch die Familie einbezogen werden. Diese Auffassung entspricht dem Stand des Wissens über die Wirksamkeit solcher Bemühungen. Die "Sozialen Unterstützung" (Gruppe und Familie) kann als wirksame Komponente betrachtet werden, der man wegen der häufigen und intensiven Nähe zum Betroffenen eine besondere Rolle zuerkennen sollte. Aus dem bisher Gesagten bieten sich deshalb vier verschiedene, sich ergänzende Formen an:

1. individuelle Einzelgespräche,
2. Arbeit mit der Gruppe,
3. ganzheitliche Arbeit unter Einschluss der Familie,
4. Einrichtung, Förderung einer Selbsthilfegruppe.

Der dahinter liegende Aufwand und die notwendige Kompetenz erfordern die Bereithaltung mindestens eines Teams auf Landesebene. In einem solchen Team sollten ein Psychologe, Arzt, Seelsorger und Praktiker arbeiten, die aber kurzfristig einsetzbar sein müssen und langfristig auch eine Nachbetreuung leisten können.

3. Gemeinsamkeiten zwischen den verschiedenen Krankheitsbildern

Zunächst stößt man darauf, dass es Erlebnisse sind, die als

Auslöser in allen angesprochenen Bereichen wirken. Bei den traumatischen Erlebnissen handelt es sich um Sachverhalte, die in der Regel außerhalb der üblichen menschlichen Erfahrungen liegen. Für die anderen Probleme der Deformation und des Burn-Out reichen "normalere" Erlebnisse. Sie müssen nur häufig genug auftreten. Der größere Einfluss liegt in der Verarbeitung bzw. Nichtverarbeitung. Es sind nicht die Dinge selbst, die die Welt bewegen, sondern nur das, was man darüber denkt, sagten schon die alten Griechen. Die Gedanken über das Erlebnis und über das eigene Verhalten bzw. Nichtverhalten sind es, die neben der Verdrängung ins Unbewusste die Probleme auslöst. Es kann als großer Glücksfall gewertet werden, dass eine wirksame Vorbeugung vor traumatischen Krankheiten mit großer Wahrscheinlichkeit identisch sein kann, mit der Vorbeugung vor berufsbedingten Deformationen und berufsspezifischen Burn-Out- Symptomen, also das, was oben beschrieben wurde. Über krankmachende und deformierende Gedanken und Bewertungen liegen ausreichende Therapieerfahrungen vor. Insbesondere die Rational Emotive Therapie (RET) nach Ellis beschäftigt sich ziemlich genau mit diesem Problemfeld. Werden einige Grundzüge der hier vorgestellten Möglichkeiten genutzt, ohne selbst Therapie zu sein, insbesondere in die nachbereitende Interaktion übernommen, so besteht eine gute Chance, dem Gesamtkomplex ein wirksames Hygienesystem entgegenzusetzen.

In Arbeitszufriedenheit investieren bringt den größten Profit[19]

Einigermaßen zufriedene Mitarbeiter leisten bessere Arbeit, reduzieren Kosten und Fehlzeiten, setzen sich für eine gute Qualität ein: Gute Manager wissen das. Investitionen in Arbeitszufriedenheit (AZ) lohnen sich also. Das Maß an Arbeitszufriedenheit könnte künftig sogar ein wettbewerbsentscheidender Faktor sein. Kosten steuern ja alle, Qualität immer noch die meisten, doch bei der Förderung der Arbeitszufriedenheit lichten sich die Reihen. Der öffentliche Dienst (öD) verspürt diesen Wettbewerbsdruck indes weniger intensiv. Doch auch dort laufen die Kosten davon und die Probleme nehmen zu. Wäre es schon provokant zu behaupten, kundenorientierte Qualität oder AZ scheinen im öD noch eine geringere Bedeutung zu haben? Wenn dem so ist, dann aber wohl die längste Zeit. Gerade Polizistinnen und Polizisten benötigen für ihre schwierige Aufgabe eine Motivation, die aus dem Inneren der Persönlichkeit stammt: Arbeitszufriedenheit kann diese wichtige mentale Grunddisposition nachhaltig befeuern.

Das öffentliche Leben, die Wirtschaft und die Verwaltung werden heute immer dynamischer. Politische Umbrüche, sich näher kommende Staaten sowie neue und flexiblere Wirtschaftsstrukturen zeigen ein deutlichen Einfluss auf die Menschen. Das drückt sich übrigens auch in der aktuellen Debatte und Aufgabe aus, Flüchtlingsströme zu bewältigen. In dieser zunehmend verzahnten Welt verlieren unterdessen Personalvertretungen an Einfluss: Es gibt ein Überangebot des „Betriebsmittels“ Mensch und dessen Arbeitskraft. Gleichwohl müssen sich die Menschen mit steigenden Ansprüchen auseinandersetzen. Das Profil der Zukunft wird womöglich durch folgende Rahmenbedingungen geprägt:

- Systeme werden immer komplexer,
- Veränderungsprozesse nehmen schneller Fahrt auf,
- Anforderungen an Mitarbeiter und Vorgesetzte steigen,
- Kunden fordern mehr,
- Ressourcen werden knapper,

[19] Text wurde für die GDP von Michael Zielasko gekürzt und optimiert

- Tätigkeiten verlieren zunehmend ihren Sinn,
- systembedingte Verschlechterungen laufen automatisch ab:

Unter dem Strich bedeutet dies für die Beschäftigten: die Arbeitszufriedenheit wird wichtiger.

Trend zu innerer Kündigung

Wer soll denn künftig das Projekt Arbeitszufriedenheit händeln können – außer innovativen, flexiblen, eigenverantwortlichen und selbständigen Funktionsträgern? Die Erkenntnis wächst, dass human und sachlich angemessene Zusammenarbeit die entscheidende Ressource für Veränderungen ist, denn: innerhalb arbeitsteilig zu erbringender Gesamtleistungen von Organisationen kommt es auf den adäquaten Leistungsbeitrag jedes Mitarbeiters an.

Dagegen stehen Prozesse, die landläufig als innere Kündigung bezeichnet werden. Medizinisch verknüpft wird diese bedauerliche wie offenbar zunehmende Einstellung heute häufig mit dem sogenannten Burn-out-Syndrom. Die Hemmschwelle, krank zu feiern, sinkt zudem. Mitarbeiter finden sich in ihrer Arbeit nicht wieder, Verursacher dessen ist ein – zumindest so empfundenes – Versagen der Führung.

Mangelnde Wertschätzung

Wirklich neu ist das nicht. Insbesondere von Personalräten und Gewerkschaften, wird die herrschende Unzufriedenheit am Arbeitsplatz seit langem offen angesprochen. Es ist ja nicht so, dass nicht auch Vorgesetzte ein Interesse daran hätten, Führung unter dem Gesichtspunkt der Mitarbeiterinteressen zu verbessern. Jedoch scheinen die alten Konzepte nicht mehr richtig zu funktionieren. Knackpunkte dürften unabhängig von früheren Konzepten empirisch nachgewiesene Klagen über mangelnde Wertschätzung und Achtung sein. Ebenso die Einschätzung, dass Vorgesetzte immer weniger bereit seien, sich für ihre Leute einzusetzen, dazu noch mangelnde Kritikfähigkeit, ein schwaches Beschwerdemanagement sowie der Umgang mit Vorschlägen.
Die Interaktion zwischen Vorgesetzten und Mitarbeitern hat offenbar

nicht die erforderliche Qualität, um Missverständnisse zu reduzieren, Transparenz und tragfähige Beziehungen zu schaffen, um so Kosten zu minimieren und Qualität zu steigern.

Von Neuerungen die Nase voll

Wahrhaftig auf den Nerv gehen Mitarbeitern ständige Neuerungen und Veränderungen. Die Beschäftigten haben schlicht die Nase voll. Die Bereitschaft mitzumachen, tendiert gegen null. Zumal die meisten glauben, dass sich nichts verbessert. Es schwelt eine Sehnsucht nach Ruhe und Verlässlichkeit. Vorgesetze können diesen Verdruss nicht kompetent auffangen. Sie glauben noch viel zu oft, dass sich der Frust auf Bezahlung und Aufstieg gründet, also Bereiche, die sich ihrem direkten Einfluss weitgehend entziehen. Sie behelfen sich dann selbst und verharren mehr und mehr in einer Abwartehaltung. Sie entscheiden nicht oder fallen sogar in überholte autoritäre Strukturen zurück. Besser wird es dadurch nicht.
Eine zusätzliche Dimension kann sich für Polizeibeamtinnen und -beamte dadurch auftun, dass ihr Berufsbild repressives Handeln gegenüber Bürgerinnen und Bürgern erfordert. Harmonisch läuft das nicht sehr oft ab. Womöglich tritt da das ein oder andere unangenehme Selbstgefühl auf die Bühne. Derjenige, der denkt, man werde als Polizei eigentlich nicht gemocht oder nicht akzeptiert, – obwohl Umfragen durchaus anderes beweisen – wird dann die für die eigene psychische Gesundheit wichtigen „Streicheleinheiten“ eben innerhalb der eigenen Organisation suchen. Da aber liegt der Hase im Pfeffer. Gerade der Wach- und Wechseldienst fühlt sich vernachlässigt. Das heißt, weder im Innerdienstlichen noch im Kontakt mit dem Bürger ist bereiteter Boden für so etwas wie Anerkennung und Wertschätzung. Kann das eine normale Psyche lange aushalten? Welche Verantwortung und Fürsorgepflicht ergibt sich dabei für die Führung?

Motivations-Märchen

Geht man davon aus, dass Vorgesetzte auch die Aufgabe der Mitarbeitermotivation voll ausfüllen sollen, sitzt man einem Märchen auf. Vor dem Hintergrund einer unterstellten Unlust des

Mitarbeiters, seine volle Arbeitskraft einzusetzen, wird kontrolliert, werden Anreize geschaffen, tatsächlich auch Motivierungsversuche gestartet. Grundlage dessen ist aber stets Misstrauen.
Wenn Kapital und Arbeit getrennt sind, ein festes Gehalt für eine nicht bekannte Menge an „Arbeitsleid" bezahlt wird, so ist die einzige variable Größe das Arbeitsleid. Deshalb sind fast alle unzufriedenen Mitarbeiter daran interessiert, ihr tägliches Leid zu reduzieren. Es ist also relativ leicht, sie für Ablauforganisationsverbesserungen, Vereinfachungen und die Kultivierung der Sinnhaftigkeit zu gewinnen – nicht allerdings für den täglichen, latenten Vorwurf des Betruges und der Faulheit – und schon gar nicht für mehr Quantität. Das gleiche Los trifft übrigens auch die Vorgesetzten in der aktuellen Situation. Es ist auch hier so, dass „Führungsleid" mit einem festen Gehalt vergütet wird. Variabel ist das Leid und langfristig das Gehalt. Führungskräfte folgen indes in ihrer Mehrheit der Philosophie, häufiger die Funktion zu wechseln und für ihre Karriere maximal drei bis fünf Jahre an einer Stelle zu bleiben. Die Durchsetzung längerfristige Konzepte ist damit kaum möglich.
Damit stellen das Vorgesetztenverhalten und die Interaktionen in der Behörde die Schlüsselproblematik dar. Sollten Vorgesetzte vielleicht einen Mittelweg zwischen „aufgabenorientiert" und „mitarbeiterorientiert" einschlagen? Dieser Ratschlag ist nicht wirklich falsch und nicht richtig gut. Ein gleichmäßiger Mittelweg trägt den vielen differenzierten, persönlich wirkenden Faktoren nicht genug Rechnung. Eigentümlichkeiten der Mitarbeiter, Vorgesetzten, der Beziehungen, der Gruppe, der Art der Aufgaben und andere variierende Faktoren machen eine Generalisierung unmöglich. Verbesserungen und Interventionen müssen daher individuell ansetzen.

Diskrepanzen zwischen Ist und Soll

Wie aber genau messe ich Arbeitszufriedenheit? Prinzipiell wird am Arbeitsplatz ein ständiger Abgleich zwischen Soll und Ist vorgenommen. Weicht das Ist deutlich vom Soll ab, ergibt sich eine Diskrepanz. Diese Unwucht ist eine Quelle für Unzufriedenheit, Fehlzeiten, Fluktuation, Leistungseinbruch und sogar

Qualitätsmängel und Kundenunzufriedenheit, denn: das Elend wird ja weitergetragen. Diskrepanzen werden vermutlich nicht von den realen Bedingungen ausgelöst, sondern von dem, was die Betroffenen über jene denken und empfinden, so gilt dies auch für die Vorgesetztenmeinung. Nur so scheint erklärlich, dass bei tatsächlich immer besser werdenden Arbeitsbedingungen die Arbeitszufriedenheit gleichbleibt oder absinkt. Anzunehmen ist dabei, dass sich Sollwerte, Bewertungen und Ansprüche sich ebenso verändern wie die tatsächlichen Arbeitsbedingungen. Arbeitszufriedenheit ist das Ergebnis eines mehrfachen Vergleichs zwischen Ist, Soll, Bewertung und Anspruch. Das müssen dann auch die obligatorischen Inhalte für Mitarbeitergespräche sein: Was nimmst du war? Was bedeutet das für dich? Welche Ansprüche stellst du an mich, an die Organisation? Ist das realistisch? Was kann ich tun, was du? Mit welchen Dingen müssen wir uns abfinden?

Fördern und verbessern

Soziale Kompetenz ist der Schlüssel zur Förderung von Arbeitszufriedenheit. Benötigt wird die Fähigkeit, einen Kompromiss zwischen Selbstverwirklichung und sozialer Anpassung zu finden. Gänzlich unterschiedliche Ansätze stehen zur Auswahl:

So beispielsweise der eines rational-normativen Führungsstils. Für die Praxis bedeutet dies, dass relativ viel formal geregelt wird und der individuellen Ausprägung Anweisungen, Führungsleitlinien und andere Organisationsschranken entgegengestellt werden. Damit soll der Zufälligkeit, der mehr oder weniger gut ausgeprägten Freiwilligkeit und der unbeabsichtigten Alltagswillkür entgegengewirkt werden. Es besteht allerdings auch die Gefahr, dass die Vorgänge starr und teuer werden und schließlich auch der Zufall durch Irrtum und Wirkungslosigkeit abgelöst wird.

Andererseits existiert die Auffassung, dass Führung sich in erster Linie um Mitarbeiterinnen und Mitarbeiter kümmern müsste. Aus der Sicht von Führungstheoretikern ist das der Unterschied zwischen aufgabenorientierter und mitarbeiterorientierter Führung. Sinnvoll erscheint heute, – und darüber herrscht in der Wissenschaft Einigkeit – nur ein – hier funktionierender – Mittelweg zwischen diesen Richtungen; eine gangbare Mitte, die nicht statisch und gleichmäßig, also jeden Tag gleich, sondern individuell auf die Bedürfnisse des Vorgesetzten und auf die des jeweiligen Mitarbeiters abgestimmt ist.

Datenfluss verbessern

Welche Bedeutung hat da das Mitarbeitergespräch (MAG) innerhalb des Systems? Sinngemäß legt es den Mitgliedern einer Organisation einen verpflichtenden Rahmen auf, solche Gespräche mindestens einmal im Jahr oder situativ häufiger zu führen. Kommunikationswissenschaftler sähen dies als eine erhebliche Verbesserung des Datenflusses. In hierarchischen Organisationen wie der Polizei finden vor allem „von-oben-nach-unten"-Kommunikationsstrukturen statt. Dabei kann es zu erheblichen Störungen kommen. Je opportunistischer die Mitarbeiter und autoritärer der Führungsstil, je größer die erwartbare Störung. Die Kommunikation in der Gegenrichtung, von unten nach oben, findet dagegen häufig genug gar nicht statt oder ist erheblich verfälscht oder blockiert. Das situationsangepasste Mitarbeitergespräch kann einen Teil solcher Mängel aufheben. Das System MAG sollte ein tragbares Gleichgewicht zwischen den Bedürfnissen der Mitarbeiter und der Organisation entstehen lassen.

Praxis setzt Grenzen

Weiteres Ziel muss es sein, alle Bediensteten in die Lage tauglicher Problem- und Alltagsbewältigung zu versetzen und die Regelbedingungen bereitzustellen, die diesem hohen Anspruch gerecht werden können. Das wird nicht ohne Fortbildung möglich sein. Gewaltfreie Kommunikation, aktives Zuhören, Verbalisierung von emotionalen Erlebnisinhalten sind als Kompetenzen – vor allem eben für Vorgesetzte – erforderlich. Geschieht Führung aber in der hier geforderten Qualität, so wird es möglich, jeden Einzelnen so zu fördern, dass optimale Leistung bei hoher Arbeitszufriedenheit eintritt. Die Gesamtleistung einer Organisationseinheit lässt sich so in erstaunlichem Ausmaß weiterentwickeln.
Die Grenzen dieses attraktiven Vorgehens setzt indes die Praxis. Dort ist die Gruppe der Beteiligten keineswegs homogen. So findet

man Visionäre und Missionare, Aktive Gläubige, Opportunisten, Abwartende und Gleichgültige als übrigens größte Gruppe, Untergrundkämpfer, Offene Gegner und widerständlerische Emigranten. Zudem könnten Veränderungsmuffel sogar – in kleiner Zahl jedoch – die Organisation verlassen.

Same procedure …
Problematisch ist es weiterhin, dass ein großer Teil der Vorgesetzten keine ausreichenden MAG-Ergebnisse erzielen wird. Die geplanten Mitarbeitergespräche führen sie entweder gar nicht oder nur in der Art, wie sie Gespräche schon die Jahre zuvor geführt haben. Sie sind in der Mehrheit davon überzeugt, dass sie mit ihren menschlichen Qualitäten schon genug positive Ergebnisse erzielen können. Das ist ein bedauerlicher Trugschluss. Nur durch regelmäßige AZ-Messungen (etwa alle sechs Monate) kann der Prozess abgesichert werden. Vorgesetzte bekommen dabei genaue Einblicke in die von Mitarbeitern gesehenen Probleme und können gezielt und strukturiert vorgehen. Unwillige und Unwirksame fallen mit der Zeit auf und können speziell unterstützt werden. Eine sichere signifikante Verbesserung wird so möglich.

Arbeitszufriedenheit in Ziel einbinden
Operative Ziele sollten operationalisierbar, das heißt überprüfbar sein. Sonst sind sie als Steuerungsmittel ungeeignet und im Einzelfall kontraproduktiv. Das gilt natürlich auch für die Arbeitszufriedenheit. Sicherheitsgefühl oder Bürgernähe sind wie auch die Zufriedenheit am Arbeitsplatz nicht einfach zu zählen oder zu wiegen. Dazu sind geprüfte Messinstrumente erforderlich. Und die liegen längst vor: zu nennen sind allein drei geprüfte Fragebogen. Durch ein vereinfachtes Verfahren ist es inklusive Ausfüllen und Auswerten in nur einer halben Stunde möglich, umfangreiche Informationen beispielsweise über Kritikgewohnheiten, Rollenklarheit, Delegationsgewohnheiten zu gewinnen. Damit sind alle die Argumente wie „zu teuer“ oder „zu aufwendig“ entkräftet. Arbeitszufriedenheit muss also Bestandteil der operationalen Zielvorgaben sein: Ist es nicht vernünftiger, billiger und menschengerechter gleich damit anzufangen?

Qualitätsmanagement bei der Polizei?

Knappe Ressourcen und pauschale Kürzungsabsichten zwingen zu betriebswirtschaftlichem Denken. Solche verständlichen Bemühungen führen normalerweise zur *Verschlechterung der Arbeitszufriedenheit* und zu einem *Sinken der Produktqualität)*. Die Folge ist eine höhere *Kundenunzufriedenheit,* die keiner will. Aus dieser Zwangslage scheint es nur einen sinnvollen und erfolgsversprechenden Ausweg zu geben, den Weg des systematischen und totalen Qualitätsmanagements.

1. Die Tagung

Ein bekanntes Beratungsunternehmen wurde für eine interne Weiterbildungsveranstaltung zum Thema "Qualitätsmanagement" eingeladen. Sie erschienen zur Überraschung der Fortbildungsabteilung mit zwei Personen, eine Psychologin und ein QM-Fachmann (Totales Qualitäts-Management). Anwesend sind zusätzlich fast alle Vorgesetzten, denen Personalführungsverantwortung übertragen wurde, Vertreter des Personalrates, die Fortbildungsabteilung und der Behördenleiter.

Der Leiter begrüßt alle und weist vorsorglich auf die vielen Einzelbemühungen hin, mit denen in dieser Behörde in der Vergangenheit an Qualität gearbeitet wurde. Insbesondere hebt er hervor, dass jetzt wohl ein Durchbruch zu erwarten sei. Vor drei Monaten habe er einen Qualitätszirkel ins Leben gerufen, der schon an einigen Punkten arbeite. Nun seien die Bemühungen der Behördenleitung mit der Genehmigung der heutigen teuren Veranstaltung zu einem krönenden Abschluss gelangt. *"Es ist nun an Ihnen, die Chancen zu nutzen und die guten Gedanken weiterzuführen".*

Zunächst meldet sich der Personalratsvertreter zu Wort und gibt seiner Sorge Ausdruck, dass es sich vermutlich bei dieser Veranstaltung wieder einmal nur um einen Versuch handele, die Kollegen und Kolleginnen zu vermehrter Arbeit anzutreiben und um Stellen zu streichen. Der Leiter der Fortbildung erwidert erbost, mit dem Personal habe diese Veranstaltung zunächst nichts zu tun, es gehe schwerpunktmäßig nur um Arbeitsqualität. Aus der letzten Bank ruft ein Sachbearbeiter dazwischen: *"Und wer soll die Qualität bringen? Doch die Mitarbeiter!"* Ratsuchend wenden sich viele Blicke an die Spezialisten. Die Psychologin sagt nach einigem Zögern: *"Produktqualität zu diskutieren, ohne das Personal einzubeziehen, kann ein verhängnisvoller Fehler sein. Die Wirksamkeit von Verbesserungsbemühungen hängt ganz entscheidend von der Kompetenz und Motivation der Mitarbeiter ab. Dabei geht es nicht ausschließlich um gründliche Mehrarbeit, sondern besonders auch um Sinnerfüllung in der Arbeit und um Arbeitszufriedenheit".*

"Diese Theorien", erwidert ein anderer, *"sind doch gar nicht anwendbar, wir stellen doch keine Produkte her. Wir müssen auch nicht rentabel arbeiten."* Das war vermutlich ein Stichwort für den QM-Fachmann: *"Diese Sichtweise, die Sie gerade vortrugen, hat die öffentliche Verwaltung in der Vergangenheit in den Ruf gebracht, in dem sie heute ist. Sie haben auf der anderen Seite aber offensichtlich recht, wenn Sie für die Verwaltung einen Zwang zur Wirtschaftlichkeit abstreiten, sonst wären die vielen tiefgreifenden Qualitätsmängel nicht zu erklären. Innerhalb der Regularien des Marktes hätten die allermeisten Bereiche der Verwaltung lange Konkurs anmelden müssen. Ich meine"*, dabei hebt er die Stimme und macht eine kleine Pause, *"dass die öffentliche Verwaltung einen klaren rechtlichen, gar grundgesetzlichen Auftrag hat, wirtschaftlich und effizient zu arbeiten. Wie man es auch immer sehen mag, im Angesicht der leeren Haushaltskassen sind Sie jetzt real pleite. Sie sind jetzt gezwungen, über kostenminimierende Qualität nachzudenken und vor allem, schnell zu reagieren."* Nach kurzer Diskussion werden die Gäste aufgefordert, zunächst einmal etwas über Qualität und Qualitätsmanagement zu sagen.

Wenn Verantwortliche der Polizei über dieses Thema sprechen und diskutieren, so hört man an vielen Stellen heraus, dass Qualität der Arbeitsergebnisse keine unbekannte Größe darstellt. Gerade dieser Bereich verursacht bei vielen Sorgen und Probleme. Nach einigen

Sätzen werden dabei meist die Qualität, der Führung, der Kommunikationsabläufe, der Arbeitszufriedenheit und andere Bereiche eingeschlossen. Es entsteht der Eindruck einer komplizierten, nicht leicht zu durchschauenden Ganzheitlichkeit. Vielen ist nicht bewusst, welcher Faktor Einfluss auf andere ausübt, welche Zusammenhänge und Unabhängigkeiten es gibt. Es ist eben sehr komplex. Die persönliche Betroffenheit der Beteiligten macht eine neutrale und sachliche Sicht nicht leicht. Sie erleben in ihrem Alltag viele Bemühungen und Besprechungen. Es verwundert aber nicht, dass Spezialisten für Qualitätsmanagement, wenn sie eine Verwaltung näher betrachten, eine andere Wahrnehmung haben. Für sie entsteht ein völlig anderes Bild. Qualitätsmanagement in der Verwaltung und Polizei scheint es dann eher nicht zu geben. Sind es ganz verschiedene Dinge, die wahrgenommen werden, oder liegt es wie häufig an verschieden belegten Begriffen?

Zunächst bedeutet Management eine systematische Tätigkeit des Regelns, mit einer qualitativen Zielausrichtung. Es ist ein aktiv zu betreibender Prozess, also sind die Worte des managenden Vorgesetzten: *"Ich stehe voll hinter den Qualitätsbemühungen!"* <u>kein</u> Qualitätsmanagement, weil es zu passiv ist. *"Vorangehen, Mitmachen, Vormachen"*, das sind Begriffe, die hierhin gehören würden.

Qualität ist die Beschaffenheit einer Einheit bezüglich ihrer Eignung, festgelegte und vorausgesetzte Erfordernisse zu erfüllen (DIN 55350, Teil 11) oder wie die "Deutsche Gesellschaft für Qualität eV" definiert: *"Qualität ist die Gesamtheit der Eigenschaften und Merkmale eines Produktes oder einer Tätigkeit, die sich auf deren Eignung zur Erfüllung gegebener Erfordernisse bezieht".* Diese Definitionen gelten für Produkte und Dienstleistungen gleichermaßen. Sie zielen darauf ab, dass bestimmte Produktmerkmale aufgrund von Anforderungen erfüllt sein müssen. Es bleibt dabei offen, wer diese Erfordernisse im Einzelnen definiert (Kunde, Mitarbeiter, Vorgesetzte, Unternehmen). Es bedeute aber auch, dass Qualität gebunden ist an festgelegten Erfordernissen. Diese müssen ermittelt und bekannt und festgelegt sein. Qualität heißt deshalb Erfüllung von Anforderungen. Bezüglich der Definitionsmacht der Erfordernisse werden in der Praxis die Richtungen zum Kunden oder zum Produkt unterschieden:

Produktbezogener Qualitätsbegriff
Qualität ist hierbei die *Summe* bzw. das Niveau der vorhandenen *Eigenschaften* von Produkten bzw. Dienstleistungen. Mit dieser Sichtweise wird versucht, eine Messung der Qualität nach *objektiven* Kriterien vorzunehmen (Gewicht, Maße, Zeit usw.).

Kundenbezogener Qualitätsbegriff
Bei dieser Betrachtungsrichtung ist Qualität definiert durch die Wahrnehmung des Kunden. Seine Einstufungen der Leistung, der Produkteigenschaften bestimmen das Niveau der Qualität. Im Gegensatz zum produktbezogenen Qualitätsbegriff wird hier eine Qualitätsmessung nach *subjektiven* Kriterien vorgenommen. Für die Messung von Dienstleistungsqualität sind beide Richtungen sinnvoll anwendbar. Bei ganzheitlicherer Betrachtung von Verwaltungen, insbesondere unter dem Begriff des Totalen Qualitäts-Management (TQM) kommt der Kundenorientierung größere Bedeutung zu. Hier entscheidet der noch zu diskutierende Kunde, nicht der Bearbeiter oder Vorgesetzte. Sind solche Daten bekannt, kann die Eignung auch durch einen überprüfbaren Standard oder eine Norm und gegebenenfalls mit Hilfe statistischer Methoden festgelegt werden. Solche Standards und systematisch erfasste Kundenmeinungen fehlen in der Verwaltung und bei der Polizei. Solches Gedankengut hat keine Tradition, es kommt höchstens in den Äußerungen Einzelner als Wunsch oder Forderung vor. In der Güter produzierenden Industrie kann dagegen auf eine langjährige Erfahrung zurückgeblickt werden. Sie sind allerdings häufig sehr einseitig auf das Produkt bezogen. Zuverlässigkeit, Auslieferung, Reklamationsverfahren und andere "Randbereiche" werden nur sehr unvollkommen in das Qualitätsdenken einbezogen. Erst die Markterfolge asiatischer Firmen zwingen dazu, ganzheitlicher (totaler) an Qualität heranzugehen. Man muss allerdings zugeben, dass die Festlegung solcher notwendigen Anforderungen auch teilweise mit großen Schwierigkeiten behaftet ist. Insbesondere auf dem Gebiet der

Dienstleistungen ist nur mit größeren Anstrengungen Sinnvolles zusammenzustellen. Die Notwendigkeit wird aber auch für diesen Bereich uneingeschränkt bejaht. Denn wer die Anforderungen an seine Arbeit nicht oder nicht genau kennt, der kann erwartete Leistung nicht fehlerfrei erbringen. Er muss sich im Gegenteil auf nachträgliche, unberechenbare und ungerechte Bewertung einstellen und verursacht zusätzlich regelmäßig hohe Zusatzkosten.

2. Qualitätsentwicklung

Betrachtet man die Arbeitsergebnisse der Polizei, so wird, wenn überhaupt, produktbezogen über Qualität geredet. Wobei die Produkte nicht für jeden erkennbar sind oder nur sehr abstrakt formuliert werden könnten, wie z.B. Sicherheit oder Verhütung von Gefahren. In vielen Bereichen der Industrie erscheint die Betrachtung der Produkte einfacher und überschaubarer, weil es hier meist handfeste Dinge sind, deren Qualität größtenteils mit physikalischen Methoden gemessen werden kann. Das erscheint allerdings nur beim ersten Hinsehen so. Der Fachmann erkennt schnell vielfältige Möglichkeiten der Produktidentifizierung. Jedes Formular kann ein Produkt der Qualitätsbetrachtung sein, eine Anzeige oder Skizze, ein Bericht, ja sogar ein komplexer Vorgang, beispielsweise die Art und Weise, wie jemand von der Telefonvermittlung behandelt wird, bis er endlich seinen gewünschten Gesprächsteilnehmer bekommt. Eine Aufklärungsquote oder eine Prozentzahl über gelungene und von allen akzeptierte Beschwerdebearbeitung können ebenso harte Daten sein, wie ein zu messender Gegenstand. Das Erkennen und Bearbeiten von zu definierenden Produkten im Verwaltungsbereich stellt sich nur erschwerter dar als in der Produktion. Das eigentliche Problem liegt eher in der Definition von Qualität, in bevormundender Definitionsmacht, in mangelnder Beteiligung, in fehlender Identifikation und in fragwürdiger Kontrollierbarkeit. Trotz dieser Schwierigkeiten sind sich Experten auf dem Gebiet der Qualitätssicherung einig, dass auch für den Bereich der dienstleistenden Verwaltung Qualität sinnvoll und lukrativ bearbeitet werden kann. Es lohnt sich aus den verschiedensten Gründen. In den Bereichen, in denen ein "Umsatz" berechnet werden kann, müssen beispielsweise 15 - 35% davon wieder aufgewendet werden, um Fehler nachzubessern. Die Qualitätskosten insgesamt liegen noch höher. Es müssen die Kosten für Fehlervermeidung und Prüfung hinzugerechnet werden. Auf der anderen Seite steht ein Gewinn: Verbesserung der Wirtschaftlichkeit, Verringerung der tatsächlichen Kosten, Anhebung der Arbeitszufriedenheit, Verbesserung der Sinnbilanzen für Arbeitsinhalte, Verringerung der Tendenz Innerer Kündigung und Flucht in die Privatsphäre, Reduzierung der Fehlzeitenquote und Fluktuation, Ansehenssteigerung der Organisation usw.

Betrachten wir einmal die "Herstellung" von Produkten und Dienstleistung in der Verwaltung und Polizei. Normalerweise sind mehrere Personen, Sachgebiete, Abteilungen oder sogar verschiedene Behörden an der Herstellung (A, B C und D) eines Ergebnisses (E) beteiligt.

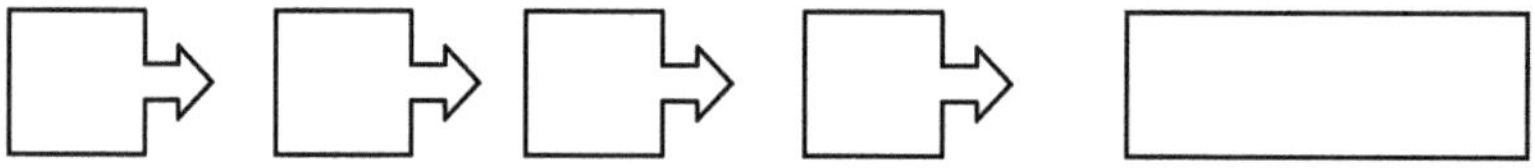

Das Ergebnis bekommen die (Teil-) Hersteller A, B und C häufig nicht mehr zu Gesicht. Erst bei Beschwerden, regelmäßig bei der Suche nach einem Schuldigen, erinnern sich die Verantwortlichen wieder an die Bereiche A bis D. Läuft alles glatt, so war es das. Das bedeutet, dass die Ansichten und Erwartungen des "Kunden" *nur dann* zur Kenntnis genommen werden, wenn er sich beschwert. Danach entsteht regelmäßig eine kontroverse Frontenstellung. Eine Bereitschaft, sich an den "Kundenwünschen" zu orientieren, ist unwahrscheinlich und bei einer Konfrontation mit einem Beschwerdefall praktisch ausgeschlossen. Diese Dinge werden, wenn überhaupt, politisch oder zumindest übergeordneter diskutiert.

Wer entscheidet aber eigentlich über die Qualität des Produktes im Dienstleistungsbereich der Polizei? Zunächst keiner oder alle. Jeder Beteiligte hat, wenn man Glück hat, eine persönliche Vorstellung von "guten" Arbeitsergebnissen. Er definiert für seinen Bereich selbst. In einer weiteren Stufe schalten sich manchmal die Vorgesetzten ein, die Gruppenleiter, die Sachgebietsleiter und alle an "Beurteilung" beteiligte Vorgesetzte. Sie beschäftigen sich in der Regel mit dem beobachtbaren Arbeitsergebnis, mit **"E"-Faktoren**. Als Ergebnis wird regelmäßig das betrachtet, was den zuständigen Arbeitsbereich verlässt. Der Bearbeiter bewertet seine Arbeit nach eigenen Einstellungen. Er berücksichtigt dabei das, was er über die Bewertungsgewohnheiten seines Vorgesetzten zu wissen glaubt. Der unmittelbare Vorgesetzte bewertet ebenfalls nach subjektiven Vorstellungen, nach Reklamationen, Beschwerden und nach dem, was er über die Bewertungsgewohnheiten seines Vorgesetzten zu wissen glaubt. Beide sind dann erstaunt, wenn das Endergebnis überraschend völlig anders bewertet wird, weil wieder andere Personen, mit anderen Vorstellungen, Zielen oder politischen, taktischen Überlegungen zu anderen Ergebnissen gekommen sind. Eine vorherige Festlegung oder echte Beteiligung und systematische Rückmeldung fehlt. Nicht selten erfahren die Mitarbeiter über die Arbeitsqualität sogar nur über dritte oder was für Arbeitszufriedenheit und Leistungseffizienz ebenso katastrophal ist, sie hören gar nichts darüber. Ein weiteres unangenehmes Phänomen muss hinzugerechnet werden. Es wird regelmäßig nicht zwischen

Beurteilung von Menschen und
Bewerten von Arbeitsergebnissen

unterschieden. Das eine ist vom Ergebnis her betrachtet wirkungslos bis destruktiv, das zweite kann konstruktiv sein, wenn es echt und systemisch eingesetzt wird. Der Alltag führt dazu, dass diese sowieso nahe beieinander liegenden Bereiche vermengt und zusammengerührt werden. Häufig ist dabei ein persönliches Machtmotiv mit im Spiel. Viele Analysen bestätigten, dass weder in der Alltagskommunikation, noch in Besprechungen, in Beurteilungs- oder Zielgesprächen ein tatsächlich messbarer Unterschied gemacht wird. Die Wirkung ist entsprechend schlecht.

Der **erste** Ansatz von tatsächlicher Qualitätssicherung besteht darin, das Endergebnis zu betrachten und nicht in eine Beurteilung der Personen zu verfallen. Wer betrachtet und bewertet? Wissen die Teilproduzenten A und B darüber Bescheid, kannten sie die Beurteilungsmaßstäbe <u>vor</u> der Arbeit? Oder müssen sie sich <u>nach</u> getaner Arbeit diesem nicht genau vorher zu bestimmenden Urteil beugen? Dieser erste Ansatz ist sinnvoll aber auch Grundlage für "Innere Kündigung", Sinnlosigkeit und Arbeitsunzufriedenheit. Solche Arbeitsweise ist unberechenbar, stressig und letztlich unmenschlich, weil subjektiv, missdeutig und wandelbar. Jeder Fachmann (jede Fachfrau) weiß seit langem, dass hier für wirkliche Qualitätssicherung ein Arbeitsstandard vereinbart werden muss. Es wird also ein **zweiter** Schritt notwendig. Ein Standard bedeutet hier im Sinne der Qualitätssicherung die schriftliche Festlegung (Vereinbarung) von Leistungsbeschreibungen. Das gilt natürlich auch für Dienstleistungen, auch in diesem Bereich wird das festgelegt, was bewertet werden kann und sei es nur als Rahmen oder als Eckdaten. Alle Beteiligten fühlen sich umso mehr eingebunden und verantwortlich, wie sie in wirklicher Mitbestimmung an dieser Standardfestlegung und Vereinbarung beteiligt waren.

Die systematische Festlegung und Beachtung solcher Standards führt normalerweise dazu, dass Leistung transparenter, Beurteilung berechenbarer und gerechter empfunden wird und Arbeitszufriedenheit und Leistungseffizienz allgemein ansteigen.

Der TQM-Fachmann meint: *"Das ist gar nicht so schwierig, wie sie meinen. Eine Skizze muss eigentlich für einen Dritten die Möglichkeit eröffnen, den Unfallort fehlerfrei zu rekonstruieren. Da gibt es verschiedene taugliche Verfahren, auf die Sie sich einigen müssten. Eine hingeschmierte Zeichnung mit fehlenden Maßen kann diese Grundanforderung <u>niemals</u> erfüllen. Auf der anderen Seite wäre eine extrem genaue und perfekte Skizze, an der der Kollege mehrere Stunden arbeiten müsste, genau so wenig vertretbar. Sie ist für eine Organisation viel zu teuer. Sie stellt in gar* *keinem Fall eine <u>besonders</u> gute Leistung dar. In den zusätzlich verbrauchten Stunden hätte der Polizeibeamte andere sinnvolle Arbeiten erledigen können."*

Ähnliches kann auch über die Erstellung einer Anzeige auf einem Formblatt gesagt werden. Nach Möglichkeit sollten sich alle Beteiligten an einen Tisch setzen und festlegen, bei welchen nicht ausgefüllten Teilen und bei wie vielen Schreibfehlern die Anzeige, in welcher Form zurückgegeben wird, welche Fehler von wem verbessert oder nach recherchiert werden müssen. Zumindest so viele Vereinbarungen müssen getroffen werden, dass keine überraschende Fehlmeldung erfolgen kann, dass jeder Beteiligte Spreu vom Weizen trennen kann, ohne hinterher von einem Vorgesetzten verbessert zu werden.
Es bleibt festzuhalten, dass Standards möglichst alle Grenzen festlegen sollten. Schlechte, gute und zu gute Arbeit muss für jeden Mitarbeiter leicht zu unterscheiden sein. Wer die bösen Folgen nicht standardisierter Rückläufer z.B. von Anzeigen mit einem angehefteten Zettel und entsprechenden Kommentaren kennt, wird ahnen, welche Vorteile darin liegen könnten.

3. Kundenorientierung
Logischerweise wird an dieser Stelle der **dritte** Schritt des Qualitätsmanagements erforderlich. Es sollte für jeden Arbeitsschritt, für jeden Zwischenschritt ein Standard vereinbart werden. Bei gründlicher Bearbeitung führt das automatisch dazu, dass Fragen auftauchen, die nur mit den Kunden der einzelnen Arbeitsschritte bearbeitet werden können. Welche Qualitätsvorstellungen haben die internen Kunden von A oder B, die jetzt als interne Lieferanten auftreten? Die Analyse von Kundenverhältnissen, von internen und externen, stellt das zentrale Thema der dritten Stufe eines Qualitätsmanagements dar. Jetzt wird der Standard nicht mehr ausschließlich von den "Betroffenen", sondern überwiegend oder ausschließlich von den Kunden bestimmt.

Wer ist aber beispielsweise der Kunde einer Unfallskizze? Bei nüchterner Analyse erkennt man sofort, dass es interne und externe

Kunden gibt. Die gefertigte Skizze geht an einen Sachbearbeiter, der den Vorgang weiter bearbeitet, also an einen internen Kunden! A wird der interne Lieferant für B. Nach Bearbeitung wird B der interne Lieferant für C. Die vernehmenden und ermittelnden Beamten, die danach weiterarbeiten, stellen deshalb interne Kunden dar. Nach Abverfügung tauchen externe Kunden auf: die Rechtsstellen, der Staatsanwalt und evtl. Versicherungen oder Vertreter des Privatrechts. Alle wollen, neben den direkt betroffenen Unfallbeteiligten, eine qualitätsvolle Arbeit sehen. Alle haben aus ihrer Sicht einen Definitionsanspruch für die betreffende Arbeitsqualität.

Die Mitarbeiter und Vorgesetzten können nicht mehr allein und autonom über die Güte einer Arbeit entscheiden. Wenn diese drei, bisher vorgestellten Stufen nachgearbeitet werden, hat die Verwaltung und Polizei ungefähr den Stand erreicht, den die meisten Unternehmen und Industrieorganisationen seit Jahren als normal empfinden. Das reicht aber zukünftig auch nicht mehr aus. Es wird zukünftig für alle Bereiche darauf ankommen, eine hohe Kundenzufriedenheit bei niedrigsten Kosten herzustellen. Das wird für die Verwaltung und Industrie nur möglich sein, wenn Kundenverhältnisse genau, regelmäßig und systematisch erfasst werden. Dem hier vorgestellten System interner und externer Kundenverhältnisse liegen folgende Gedanken zugrunde:

a) Jede Tätigkeit stellt einen Prozess dar.
b) Ein Prozess führt zu einem Ergebnis, einem Produkt.
c) Dieses Produkt wird an andere geliefert, es entsteht ein Lieferanten-Kundenverhältnis.
d) Zwischen Kunden und Lieferanten besteht ein Informationsaustausch über Anforderungen an das Produkt und Rückmeldungen über Ergebnisse.
e) Die Tätigkeit wird zusätzlich durch Anweisungen und das Umfeld beeinflusst.
f) Die meisten Lieferanten - Kundenbeziehungen verlaufen in beiden Richtungen.

Es ist bisher nicht üblich, eine Tätigkeit als Prozess anzusehen. Auch wird nur selten darüber nachgedacht, dass Ergebnisse der Arbeit als Produkte betrachten werden können, da der Begriff Produkt umgangssprachlich nur auf tangile Erzeugnisse angewendet wird. Die Erweiterung dieses Begriffes auf die Ergebnisse von Tätigkeiten bringt eine ganze Reihe von Vorteilen für die Mitarbeiter selbst, die behördlichen Abläufe und für Berechenbarkeit und Arbeitszufriedenheit:

> Sie ermöglicht die Anwendung aus der Industrie bekannter und wirksamer
> Qualitätssicherungswerkzeuge auf alle Tätigkeiten.
>
> Sie bewirkt damit deutlich weniger Fehlleistungen und macht
> Nullfehlerergebnisse möglich und spart Kosten.
> Klarheit und Effizienz werden in Abläufe gebracht.

Damit diese Vorteile eintreten können, müssen klare Aufgaben- und Anforderungsbeschreibungen erstellt werden. Jeder Mitarbeiter muss die Frage systematisch bearbeiten: "*Was ist mein Produkt?*" Die Beschreibung der eigenen Arbeitsergebnisse gestaltet sich insbesondere im Bereich der Dienstleistungen als schwierig und bedarf kundiger Hilfestellung (z.B. durch den ausgebildeten Qualitätsbeauftragten). Ist diese Arbeit einmal durchgeführt, so entsteht eine Aufstellung aller von dem Mitarbeiter "erzeugten" Produkte und damit eine größere Transparenz der Tätigkeiten. Es wird dann erheblich einfacher, Arbeit sinnvoll zu organisieren und gerecht zu verteilen. Es ist unmittelbar einsichtig, dass Produkte ohne Kunden Ausschuss darstellen und abgeschafft werden müssen. Hier ist ein erster großer Vorteil dieses Verfahrens erkennbar: Das Vermeiden nutzloser Tätigkeiten. In einigen Behörden gibt es erstaunliche Mengen solcher Tätigkeiten. Bei einer genauen Überprüfung stellt sich zusätzlich heraus, dass das gelieferte Produkt so nicht zur unmittelbaren Weiterverwendung geeignet ist, sondern gewisser Anpassungen und Nachbesserungen durch den Kunden bedarf. "*Welche Anforderungen stellt mein Kunde an mein zu erstellendes Produkt?*" Hier wird der zweite wichtige Vorteil deutlich: Die Vermeidung von Nachbesserungen und kundenseitigen Korrekturen an den Produkten. Diese führen regelmäßig neben der unnötigen Mehrarbeit zu einer Belastung der Beziehungen. Eine systematische Bearbeitung bringt erhebliche Rationalisierungsmöglichkeiten. Für die meisten Beteiligten ist es nach einer solchen Analyse regelmäßig erstaunlich, wieviel nachträgliche Korrekturen bei den internen Zulieferungen aller Art deswegen notwendig sind, weil Kunde und Lieferant sich niemals über die Anforderungen verständigt haben. Damit sind die Vorteile noch nicht ausgeschöpft. In der Praxis bearbeiten die Beteiligten mit großem Vergnügen den dritten Vorteilsbereich. Sie identifizieren eine Vielzahl von unnötigen Doppelarbeiten und organisieren neu. Bei dieser Arbeit tauchen auch manchmal Bereiche auf, die bisher nicht abgedeckt waren. Als Gesamtergebnis dieser Arbeitsweise steht Zeitgewinn, Kostenreduzierung, Fehlervermeidung und Steigerung der Arbeitszufriedenheit und Kundenzufriedenheit.

Bei der immer knapper werdenden Personalsituation könnte das ein sinnvoller Ansatz sein, der nicht nur Mittel spart, sondern auch noch die Qualität anhebt. Insbesondre in großen und verwobenen Organisationseinheiten lassen sich dadurch erhebliche Einsparungen erwirtschaften. Erfahrungen und Schätzungen legen Größenordnungen von 3 - 8% nahe. Der leider übliche andere Weg, durch <u>Kürzungen</u> z.B. von 8%, führt zu erheblichen Störungen der Arbeitsabläufe, zur Erhöhung der Arbeits<u>un</u>zufriedenheit und zu einer <u>Verschlechterung</u> der Produktqualität und der Kundenzufriedenheit.

4. Prozessorientierung

In der gegenwärtigen Konjunktur stehen immer mehr Unternehmen unter dem Druck, ihre Effizienz und die Qualität ihrer Produkte und Dienstleistungen, sowie ihrer Abläufe im Unternehmen zu optimieren, um ihre Marktposition halten und verbessern zu können. Die wirtschaftliche Lage bestätigt, dass nur die Unternehmen auf dem Markt konkurrenzfähig bleiben können, die sich weitgehenden innovativen Maßnahmen unterziehen, um eine optimale Kundenzufriedenheit über die gesamte Unternehmensorganisation zu gewährleisten. Zentraler Stellenwert für den Unternehmenserfolg ist das qualitätsorientierte Verhalten und das Qualitätsbewusstsein aller Mitarbeiter. Eine hohe Motivation, hohe Qualifikation und bereichsübergreifendes Denken gewährleisten flexible, fehlerfreie und rationelle Abläufe sowie ein optimales Ineinandergreifen der Aufbau- und Ablauforganisation. Nur so kann hohe Qualität bei möglichst geringen Kosten geliefert werden. Wenn auch der Marktdruck für die Polizei hinsichtlich der Produktqualität nicht in dem gleichen Ausmaß zu bejahen sein wird wie in der Industrie, so bleibt systematisches Qualitätsmanagement vermutlich der einzige Weg, Kosten zu sparen und Bürgerzufriedenheit und Akzeptanz zu erlangen und auf lange Sicht Arbeitszufriedenheit und Effizienz zu sichern.

Die verschärfte Situation zwingt alle Bereiche dazu, die Betrachtung und Verbesserung der E-Faktoren (Ergebnis) als ständigen Prozess zu betrachten. Von den Japanern mussten wir zusätzlich wieder das hinzulernen, was in Europa schon in den fünfziger Jahren diskutiert und beschrieben, aber nicht umgesetzt wurde. Die Arbeitsabläufe selbst müssen als Prozess, als so genannte P-Faktoren (Prozessfaktoren) mit einbezogen werden. Im Mittelpunkt der Betrachtung steht hierbei nicht mehr allein das Endprodukt, sondern der gesamte Prozess. Diese **vierte** Stufe muss optimiert und verkürzt werden, die Übergänge und Nahtstellen müssen problem- und fehlerlos gestaltet und Kosten gespart werden.

Diese Sicht der Dinge hat seit den fünfziger Jahren natürlich viele theoretische Verfeinerungen erfahren. Bis in die heutige Zeit hat sich die Zahl der themenbezogenen Veröffentlichungen kontinuierlich gesteigert. An den hier vorgestellten Grundüberlegungen wurde dabei wenig geändert. Solche "klassischen" Grundkonzepte sind bekannt von Ph. B. Crosby, W.E. Deming, A.V. Feigenbaum, K. Ishikawa, J.M. Juran und anderen.

Es ist relativ leicht, für die Notwendigkeit solcher Denkweisen im aktuellen Marktgeschehen Beispiele zu finden. Für Behörden scheint das schwieriger zu sein. Aber auch hier gibt es eine Unzahl von sinnvollen und möglichen Ansätzen. Beispiel: Aus den einlaufenden Beschwerden ist bekannt, dass seit Jahren die Zahl der Petenten zunimmt, die sich über "Untätigkeit" der Polizei beschwert. Mittlerweile befasst sich ca. ein Drittel aller Eingänge mehr oder weniger deutlich mit diesem behaupteten Mangel. Verschiedene Gründe können das verursacht haben. Aber welche sind es? Was kann getan werden? Soll nur mehr Aufklärung durch Öffentlichkeitsarbeit angestrebt werden? Eine Bevölkerung, die glaubt, sie bekäme in der Not keine Hilfe, wird auf lange Sicht auch die Zusammenarbeit verweigern, wenn die Polizei etwas möchte. Was ist die Polizei ohne Hilfen aus der Bevölkerung? Die Erwartungen der Kunden decken sich offensichtlich nicht mehr mit dem Gelieferten. Trotz dieser brenzlichen Situation wird diese Kundenunzufriedenheit weder bearbeitet noch zur Kenntnis genommen.

Die hier vorgestellte vierte Stufe beschäftigt sich hauptsächlich mit der Optimierung der Arbeitsprozesse. Alle Kriterien, wie Disziplin, Zeitplanung, Aus-, Fortbildung, Klima, Arbeitszufriedenheit, Kommunikation usw. werden als gleichrangig angesehen. Es ist nicht mehr die persönliche Vorliebe eines höheren Vorgesetzten, die eine Richtung nahelegt, sondern die ganzheitliche Betrachtung der Arbeitsabläufe als technisch- soziales System unter Einbindung der Kundeninteressen. Der Prozess wird genauso wichtig erachtet wie das Ergebnis. Beides steht nebeneinander. Solche Zielausrichtungen erfordern längerfristige Konzepte und eine deutliche Abkehr von den vorherrschenden technokratischen Führungsorientierungen.

5. Kaizen

Die deutsche Übersetzung für das Wort "Kaizen" bedeutet Verbesserung. Die Japaner gehen davon aus, dass keine Gegebenheit des alltäglichen Lebens nicht noch verbessert werden kann. Das Resultat dieses rastlosen Ansatzes ist, dass in relativ kurzer Zeit die Produkte eine höhere Qualität aufweisen als die der

Mitbewerber auf dem Markt. Das haben wir Europäer mit Schmerzen zur Kenntnis nehmen müssen. Der Schwerpunkt dieser Qualitätsauffassung liegt darin, nicht mehr damit zufrieden zu sein, wenn ein Produkt oder Teilergebnis dem Standard entspricht, sondern das stetige Bestreben bessere Ergebnisse zu erbringen. Besser kann hier bedeuten: höhere Materialgüte, geringere Reklamationen, längere Lebensdauer, schnellere Herstellung, Kostenreduktion, Verpackung oder andere mit dem Produkt zusammenhängende Details. Die langjährigen Erfahrungen mit dieser Ausrichtung haben deutlichgemacht, dass das nur gelingen kann, wenn sich bei allen Beschäftigten eine andere Arbeitseinstellung etabliert. Die sozialen und technischen Fertigkeiten der Manager müssen sich verbessern, Personen mit Personalführungsverantwortung müssen mehr soziale Kompetenz entwickeln. Für Mitarbeiter bedeutet das, ständige Bereitschaft für Veränderungen, dauernde Entwicklung und kontinuierliche Fortbildungsbereitschaft. Für jeden heißt das, so perfekt wie möglich zu arbeiten, Prozesse ständig zu verbessern und an der Qualität zu arbeiten.

Aus der Mitte der Zuhörer meldet sich eine junge Frau und fragt: *"So ganz kann ich ihren Erläuterungen nicht mehr folgen. Sie sprechen von Wettbewerb und Marktdruck. Die Polizei hat doch gar keine Konkurrenz und die allgemeine Verwaltung auch nicht. Gilt das dann dort auch noch?"* Die Psychologin versucht klarzumachen, dass es sehr wohl Bestrebungen gibt, beispielsweise private Bewachung anzubieten und zu fordern. Diese privaten Sheriffs seien eine Marktreaktion auf unzureichende Qualität, und ähnliche Reaktionen müsse man auch auf anderen Gebieten erwarten. In den Bereichen, in denen der Polizei keine Konkurrenz erwachsen könne, sei sie aber auf Mitarbeit und relativ gute Beziehung zur Bevölkerung angewiesen. Das würde systematisch immer mehr verspielt, wenn nicht dem Zeitgeist folgend mehr Kunden- bzw. Bürgernähe angestrebt, also eine andere Qualität angestrebt würde. *"Die vielen Privatisierungsvorhaben der Kommunalverwaltungen",* beeilt sich der QTM-Fachmann zu verstärken, *"sind ein zusätzlicher Beleg für die Einsicht, dass so nicht weiter gewirtschaftet werden kann. Viele Verantwortliche haben eingesehen, dass die gewohnte Arbeitsqualität nicht mehr zu bezahlen ist. Das wird sich auch zukünftig nicht mehr verbessern. Ich an ihrer Stelle würde damit rechnen, dass sich die Situation in der Zukunft noch weiter verschärfen wird. Deshalb seien sie schneller und reagieren sie."*

6. Qualitätsmanagement bei der Polizei (QM) ?

In den letzten Zeilen deutete es sich schon an, die Sicht der Dinge wird immer ganzheitlicher und umfassender. Im QM findet diese Sicht ihr derzeitiges Ende. Nach QM-Prinzipien müssen zusätzlich alle Bereiche einbezogen werden, die mit der Qualität der gesamten Organisation zusammenhängen. Um die Motivation und die Qualifikation der Mitarbeiter und somit ein "Mitdenken" und "Gestalten" an den internen und externen Kunden/Lieferantenbeziehungen zu fördern, müssen die Kommunikation und die Zusammenarbeit im Unternehmen neu gestaltet werden. Die praktische Führungsverantwortung entwickelt sich von der Funktion der Kontrolle und Überwachung in Richtung Betreuung und Coaching von Teammitgliedern, die gemeinsam die Qualität der Prozesse und Produkte permanent verbessern. Dies erfordert neue Kommunikationswege und Methoden und soziale Kompetenz aller Beteiligten. Zentraler Stellenwert für den Organisationserfolg wird das qualitätsorientierte Verhalten und das Qualitätsbewusstsein aller Mitarbeiter. Damit werden Fragen nach dem Sinn der Arbeit neu beantwortet. Sinnentleerung, Flucht in die Privatsphäre, innere Kündigung und Arbeitsunzufriedenheit können damit partiell bekämpft und abgeschwächt werden. Am Beispiel der Fortbildung soll dieser Ansatz nochmals verdeutlicht werden.

Die praktischen Erfahrungen der Vergangenheit zeigen, dass Fortbildung in der Regel in den Köpfen einiger weniger Personen entsteht. Persönliche Ansichten und Vorlieben, politische Wünsche, Hoffnung auf Ansehenssteigerung und andere Gründe werden als Grundlage für Planungen herangezogen. Sie alle müssen als unsichere und fehlerhafte Datenquellen angesehen werden. Aus der Sicht des Qualitätsmanagements kann das nicht akzeptiert werden. Hier ist eine genaue Erfassung und Analyse, Planung, qualifizierte Durchführung und Erfolgskontrolle zwingend geboten. Für eine qualitative Fortbildungsbedarfsanalyse müssen folgende Felder berücksichtigt werden:

A: Individueller Bedarf des Endverbrauchers
B:Arbeitsplatzbezogener Fortbildungsbedarf der Organisation
C: Bedarf aus politischer, institutioneller Sicht
D: Empirische Mängelanalyse/qualitative Fortbildungsanalyse
E: Fortbildungsbedarf der Fortbilder
F: Ergebniskontrolle, Reserven

Die systematische Bearbeitung, Umsetzung, Zusammenfassung und Strukturierung dieser jetzt "objektivierten" Daten macht eine zentrale Bearbeitung erforderlich. Im Rahmen des Qualitätsmanagements und der immer knapper werdenden personellen und finanziellen Ressourcen kann eine nebenbei laufende unsystematische und teilweise zufällige Datenerhebung nicht mehr gerechtfertigt werden. Sie ist letztlich zu teuer und ineffektiv. Aus der Sicht der Produktqualität, also der Beseitigung eines Aus- bzw. Fortbildungsmangels, muss ein regelmäßiger und systematischer Dateneingang über diese Bereiche und eine entsprechende Verarbeitung gewährleistet sein. Das bedeutet auf der einen Seite eine regelmäßige Rückmeldung der Effekte nach durchgeführten Maßnahmen und andererseits eine sorgfältige Bedarfserhebung, aus der Ziele, Methoden und Veranstaltungen abgeleitet werden. Als nutzbringende Rückmeldung kann dann nicht mehr die übliche Seminarbewertung der Teilnehmer genommen werden. Man muss ermitteln, welche tatsächlichen Verhaltensänderungen oder Verringerung der Probleme in der Praxis eingetreten sind. So mancher Fortbilder bekäme einen Schreck, wenn er die Wirkungslosigkeit der üblichen Fortbildung zur Kenntnis nehmen müsste. Aus gleicher qualitätsbezogener Ausrichtung müssen mit gleicher Sorgfalt Methoden, Teilnehmerhöchstzahlen und Fortbilderqualitäten diskutiert und festgelegt werden. Dieser Prozess kann als Kreislauf, als qualitativer Regelkreis dargestellt werden:

Damit wird die *"unendliche Geschichte"* der Fortbildung in einen endlichen Prozess überführt. Spätestens nach einigen Nachbesserungen wird eine erheblich höhere Qualität erreicht sein, und erstaunliche Wirkungen werden eintreten können. Ständige Anpassung und Kontrolle des Prozesses sichern die Wirksamkeit. So kann Fortbildung im Rahmen eines ernstgemeinten Qualitätsmanagements aussehen und sich ablösen von den individuellen Fortbildungsideen einiger Verantwortlicher. Auf längere Sicht wird sich eine andere Fortbildung nicht mehr bezahlen lassen. Wenn erst die Arbeitsabläufe als Prozess betrachtet, gestrafft und verbessert worden sind, schmerzt das fortbildungsbezogene Fehlen eines Mitarbeiters erheblich mehr als unter alten Bedingungen. Deshalb sind die nächsten Qualitätsschritte in diesem Bereich schon zu erkennen:

weniger zentrale Seminartätigkeit,
ganzheitlichere, vernetzte Fortbildung,
mehr Coachings, Tutoren oder Mentoren,
Fortbildung an den Arbeitsplatz bringen,
gelenkte Praktika mit ausgebildeten Tutoren usw.

Mit ähnlicher Systematik und Zielausrichtung, wie hier im Fortbildungsregelkreis, ließen sich andere Arbeitsabläufe und die allermeisten Produkte genauso ausrichten und qualitativ erheblich verbessern.

Bis jetzt hatten die Zuhörer ruhig zugehört und manchmal genickt oder geschmunzelt. Vermutlich erinnerten sie sich an vergleichbare Erlebnisse. Aus der letzten Reihe meldet sich ein Sachgebietsleiter: *"Ich habe ja bis jetzt ruhig zugehört, aber Sie fordern immer mehr und setzen ständig noch einen drauf. Mir schwillt jetzt so langsam der Kamm. In meinem Arbeitsbereich wissen die Kollegen nicht mit der vielen Arbeit klarzukommen, es fehlt an allen Ecken. Sie wollen wohl noch mehr!".* Der QM-Fachmann reagiert etwas ungehalten und meint: *" Ich rede die ganze Zeit von nichts anderem als davon, dass Sie Ihre Arbeit leichter, schneller und besser organisieren können, also weniger Probleme haben, nicht mehr, Ich rede von weniger und wirkungsvollerem Personaleinsatz, von Reduzierung der langen sinnlosen Besprechungen von besseren Kommunikationsabläufen."* Ein anderer unterstützt den Zwischenrufer aber und meint, man müsse doch zugeben, dass solche Reaktionen in der Behörde mit viel Mühe und Arbeit verbunden sein werden. Das könne man doch nicht wegdiskutieren. Die Psychologin, die bisher wenig zu den Daten beigetragen hatte, sagt: *"Sie können natürlich so weiter arbeiten wie bisher. Wir können das sowieso nicht beeinflussen, Sie müssen es tun. Sie können warten, bis Sie von außen gezwungen werden, mehr auf Wirtschaftlichkeit und Qualität zu achten oder schon vorher etwas unternehmen. Wie Sie es wollen."* Unterstützt durch diese Argumente sagt der QM-Mann: *Ich gehe mit meinen Forderungen, die ich Ihnen vorschlagen will, noch deutlich darüber hinaus. Hören Sie auf, zwanghaft oder gar nicht zu reagieren, machen Sie nicht nur eine Kleinigkeit. Mit den ersten drei Schritten holen Sie nur das nach, was um Sie herum schon lange bearbeitet wurde. Schauen Sie in die Zukunft. Agieren Sie! Streben Sie alle Möglichkeiten an, um das Machbare zu erreichen. Seien Sie vor allem schneller als die anderen Verwaltungen und Behörden."* Betretenes Schweigen und teilweise Gleichgültigkeit stehen im Raum. Der Vortrag geht weiter.

7. Voraussetzungen und Forderungen

Im Bereich des QM wird ein stufenweises Vorgehen empfohlen. Hier als Beispiel die 14 Punkte von Crosby in Gegenüberstellung zu den empfohlenen Stufen der zurzeit von vielen Organisationen angestrebten Qualitätsanforderung: DIN ISO 9000-90004. Gezeigt werden soll, einerseits die Ähnlichkeit der Inhalte und Vorgehensweisen, andererseits der geforderte Aufwand und die Ernsthaftigkeit, mit der heutige Unternehmen an diesen Inhalten und Werten arbeiten und wie wenig davon in Verwaltungsbereichen umgesetzt wird.

Punkte von Crosby DIN ISO 9000-9004

1. Verpflichtung des Managements zu aktivem Handeln
2. Einrichtung einer Lenkungsgruppe

3. Einteilen eines Promotors
4. Festlegung der Qualitätsmessungsbereiche
5. Einführung eines QS- Systems
6. Ermittlung der Qualitätskosten
7. Vertragsüberprüfung
8. Qualitätsbewusstsein schaffen,
9. Designlenkung
10. Korrekturmaßnahmen
11. Lenkung der Daten
12. Null-Fehler-Planung
13. Beschaffungsprozesse ausrichten
14. Mitarbeiterschulung
15. Lenkung von Kundenprodukten
16. Tag der Qualität
17. Rückverfolgbarkeit der Prozesse herstellen
18. Zielsetzung Prozesssteuerung
19. Beseitigung der Fehlerursachen
20. Prüfung, Mittelüberwachung, Status
21. Anerkennung der Erfolge
22. Lenkung fehlerhafter Produkte
23. Einsetzen von Expertengruppen
24. Korrekturmaßnahmen
25. Wieder von vorn beginnen
26. Handhabung der Produkte
27. Lenkung der Aufzeichnungen
28. Interne Überprüfungen
29. Schulung des Personals
30. Kundendienstausrichtung
31. Methodenfestlegung (Statistik)

8. Lösungswege

Organisationen, die solche Systeme einführen, sind häufig enttäuscht, dass die Erfolge auf sich warten lassen oder die Situation sich sogar noch verschlechtert. Bei genauem Hinsehen kann man die Fehler dafür relativ leicht erkennen. Es fehlt an der notwendigen Disziplin und Sorgfalt, die Einzelheiten auch über längere Zeit ernsthaft zu verfolgen. Für die meisten Menschen bedeutet das nicht nur Umdenken, sondern anderen Werten zu folgen. So manche Einstellung muss geändert werden. Deshalb ist Zwang oder Anordnen der schlechtere Weg, erfolgreich zu sein. Ein weiterer folgenschwerer Fehler ist nur bei intensiverer Nachprüfung festzustellen: Mangelhafte Arbeitszufriedenheit und Sinnentleerung der Arbeit. Wir alle wissen, dass diese Bereiche zu teuren Fehlzeitenquoten, Fluktuation, Innerer Kündigung, zu echten Krankheiten und letztlich zu systematisch geförderter Kunden<u>un</u>zufriedenheit führt. Wer das alles nicht will, muss zuerst den Acker bestellen, auf dem er anbauen will, muss gutes Saatgut aussuchen und alle Beteiligten anhalten, sorgfältig zu pflegen und Unkraut zu jäten. Das bedeutet, zuerst muss für ein tragfähiges Klima, für ausreichende Arbeitszufriedenheit und notwendiger sozialer Kompetenz gesorgt werden. Dann und <u>wirklich erst dann</u> kann der technischere Bereich der Kundenverhältnisse, der Straffung von Abläufen und Qualitätsmanagement angegangen werden. Es kann nur deutlich davor gewarnt werden, einfach um einen Prozentrang zu kürzen. Die Folgen werden Arbeitsunzufriedenheit, mehr Entmündigungsgefühle und Kundenunzufriedenheit sein. Deshalb lohnt es sich besonders für Verwaltungsbereiche, endlich mit einer systematischen Qualitätspolitik anzufangen.

Wir haben lange gesucht, geforscht und ausprobiert, wie in festgefügten starren Strukturen <u>tatsächliche</u> Änderungen und gewünschte Wirkungen zu erzielen sind. Es scheint nur mit direktiven, aber sozial sehr verträglichen Regelkreisen zu funktionieren. Ähnlich dem oben skizzierten Fortbildungsregelkreis sollten die "normalen", durchschnittlichen Problemebenen in ein Selbstregulativ überführt werden. Es reichen drei Regelkreise aus, die zu einem späteren Zeitpunkt in zwei überführt werden können. Damit sind alle Problembereiche, vom individuellen, über den dyadischen, den gruppenbezogenen Bereich, bis zum Bereich der Organisation und der Politik abgedeckt und regeln sich im reifen Stadium selber. Es ist jedem klar, dass diese anspruchsvolle Verbesserung mit den vorhandenen Kompetenzen nicht zu erreichen sein wird. Deshalb muss eine angepasste und wirkungsvolle Fortbildung und Unterstützung diesen Bereich ergänzen. Dazu liegen schon Erfahrungen aus verschiedenen Bereichen vor.

9. Ein Konzept

Das vorzustellende Konzept stellt eine Verbindung aus bewährten und überprüften organisationspsychologischen, betriebswirtschaftlichen und technischen Managementwerkzeugen dar. Es wurde sowohl in Polizeibehörden, wie auch in der öffentlichen Verwaltung und der Industrie erprobt und deshalb uneingeschränkt zur Nachahmung empfohlen.

Analog zu dem stufenweisen Vorgehen in den vorgestellten Qualitätskonzepten werden durch dieses Konzept nacheinander drei Regelkreise eingeführt. Durch kontinuierliche Messungen, kontrollierte Pflichtenhefte, gezielte Aufträge, durch Nutzung von Rückmeldungssystemen und regelmäßige Prozessanalysen wird gewährleistet, dass auch Geplantes umgesetzt wird. Erst nach erfolgreicher Anwendung der vorherigen Kreise kann ein weiterer Schritt zum nächsten Kreis erfolgen.

Problemebenen	**Regelkreisebenen**
Individuum	Regelkreis 1
Zweierbeziehung, Dyade	Regelkreis 1
Arbeitsgruppe, Team	Regelkreis 2
Organisation, Qualität, interne Kundenverhältnisse, Potentialanalysen usw.	Regelkreis 3
Markt und externe Kundenverhältnisse	Regelkreis 3

Übertragen auf die schon bekannte Skizze eines einfachen Regelkreises ergibt sich folgendes Bild für den ersten Regelkreis. Die weiteren ergeben sich sinngemäß.

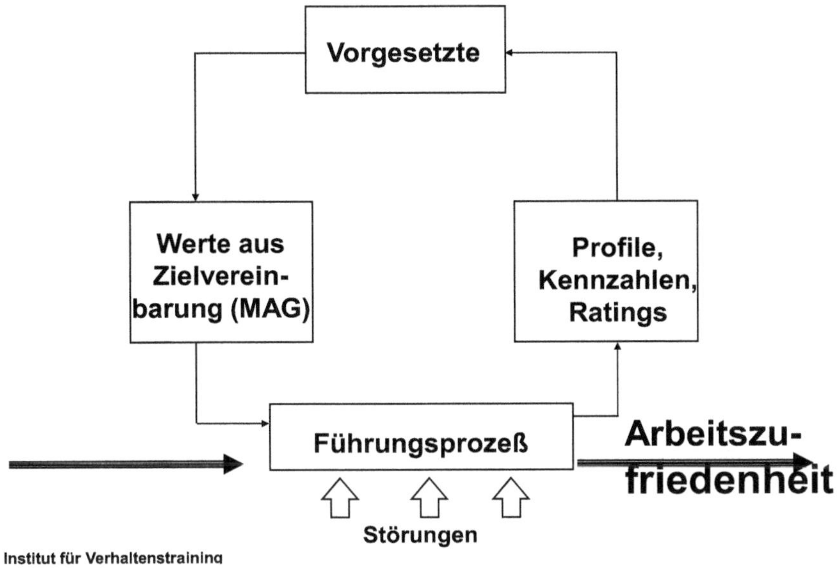

Nachdem die letzten Folien besprochen und noch einige Fragen beantwortet wurden, beendete der Vortragende seine Ausführungen und bedankte sich für die Aufmerksamkeit. Der Leiter hatte zwischendurch schon einmal den Raum verlassen und war nicht zurückgekehrt. Deshalb formulierte der Leiter der Fortbildung die Dankesworte und entließ die Zuhörerschar mit dem Appell, doch weiter an diesem Ziel zu arbeiten. Beim Hinausgehen konnte man verschiedene Meinungen aufschnappen: "Du kannst dich darauf verlassen, das schläft genauso schnell wieder ein, wie es geboren wurde". Der Angesprochene verstärkte noch und meinte: "Selbst wenn sie wollten, sowas kriegen die nicht hin. Wer soll das denn hier organisieren, etwa die Personalabteilung?" "Solange nicht irgendein zusätzlicher Zwang kommt, wird so etwas nicht umgesetzt oder glaubst du?" "Ich weiß nicht", zweifelte der Angesprochene, *"mit Zwang ginge das doch sowieso nicht, vielleicht ist es doch*

schon später als wir denken." "Das glaube ich auch", sagte eine junge Frau, die hinter den beiden ging, *"es wird doch jedes Jahr gekürzt, die Arbeitssituation wird immer unerfreulicher und die Beförderungsmöglichkeiten werden auch eher schlechter als besser. Vielleicht sollten wir doch mit so was wie Qualitätsmanagement anfangen." "Genau, „* bestätigte ein älterer Kollege, *"Einsparungen und Kürzungen führen in vielen Bereichen wirklich dazu, dass die Kundenbehandlung materiell und menschlich schlechter geworden ist. Vielleicht ist für alle dieses QM der bessere Weg".* Langsam leerte sich der Raum und die gewohnten Arbeitsweisen wurden aufgenommen oder vielleicht doch nicht?

Man unterschätzt sehr schnell die kleineren Schritte. In mehreren Untersuchungen haben wir schon vor 30 Jahren festgestellt, dass Einzelfußstreifen ca. 70% häufiger angesprochen werden als Doppelstreifen. Warum ist das so? Vermutlich weil die Doppelstreife häufig mit sich selbst beschäftigt ist. Sie unterhalten sich und zeigen so keine Kontaktbereitschaft. Lässt die Sicherheitslage Einzelstreifen nicht zu, so können sie dennoch unter genauem Einhalten von Sichtkontakt einen getrennten Weg gehen. Wie wenig daran gearbeitet wird sieht man daran, dass zurzeit wegen der Terrorgefahr auch Dreier- und Vierergruppen an den Bahnhöfen und Flugplätzen Streife laufen. Das löst mehr Angst aus, als es das Sicherheitsgefühl stärkt.
Ganz vereinfacht kann man als Mindestanforderung zusammenfassen: QM bedeutet für die Polizei, **Abkehr von einer Input – Steuerung**, also nicht mehr Tätigkeiten, mehr Personal, mehr Geschwindigkeitsmessungen, Anzeigen usw. sondern *wirksamere* und notfalls auch andere Tätigkeiten mit tatsächlicher Kontrolle der Wirkung und **Betrachtung des Ergebnisses**, also wie viele Unfälle geschehen weniger, senkt sich die Geschwindigkeit auf dieser Straße? **Festlegung von Q-Standards**, also z.B. > 50% Aufklärungsquote oder > 50% der Bevölkerung fühlt sich in dieser Stadt sicher. Alles andere wird unbezahlbar, höhlt langfristig den Sinn aus und führt dazu, dass notwendige Arbeiten aus Zeit- und Personalmangel nicht mehr geleistet werden können.

Anforderungen an polizeiliche Kommunikation

Beschäftigt man sich mit der Frage, welche kommunikativen Inhalte in die Aus- und Fortbildung angeboten werden sollten, welche kommunikativen Kompetenzen Polizeibeamte besitzen sollten, so trifft man auf eine Vielzahl von Vorstellungen. Auf der einen Seite wird empfohlen, sich in erster Linie mit der Ichstärkung der Teilnehmer zu beschäftigen. Die daraus resultierenden kommunikativen Kompetenzen würden sich damit von allein einstellen. Auf der anderen Seite gibt es die Vorstellung, mit der Übung und mit dem Training von Grundfähigkeiten und Grundvoraussetzungen eine ausreichende Basis für eine professionelle Haltung zu schaffen. Hinzu kommen die vielen Vorstellungen und Zielprojektionen aus der Eigensicherung und Taktik:

1. Zielprojektionen

Man kann bei der Polizei mindestens drei Hauptziele unterscheiden
- Erhöhung der Sicherheit, beim Bürger und beim Polizeibeamten,
- Vermeidung von "hässlicher, unnötiger, unprofessioneller“ Gewalt und Aggression,
- Verbesserung der Akzeptierbarkeit polizeilicher Arbeit und des Verhältnisses Bürger/Polizei.

Welche Aufgabe kann die Kommunikation bei dieser komplexen Zielprojektion übernehmen? Zunächst betrachten wir die Erhöhung der Sicherheit etwas näher. Dieses Ziel hat zwei Aspekte: Auf der einen Seite steht die Eigensicherung und die damit verbundenen Gespräche und Abstimmungen der Kollegen untereinander, andererseits muss aber auch die erhöhte Sicherheit des Bürgers mit einbezogen werden. Ohne Zweifel besteht hier eine Wechselbeziehung, jedoch kann das Ziel "mehr Sicherheit für den Bürger" nicht nur durch eine verbesserte interne Kommunikation erreicht werden. Hier wird es nötig sein, anders, wirkungsvoller zu senden und zu interagieren. Für diesen Bereich lassen sich drei Forderungen an die Kommunikation ableiten:

1. Eine erhöhte Transparenz polizeilichen Einschreitens kann bezogen auf die Zielsetzung vorteilhaft sein. Diese Transparenz wird in erster Linie durch Kommunikation herzustellen sein.

2. Das Vorhaben der einschreitenden Beamten muss unmissverständlich und deutlich sein. Dadurch lassen sich Missverständnisse und Fehlreaktionen weitestgehend vermeiden.

3. Wenn richtiges und sicheres Verhalten verlangt wird, muss auch die Möglichkeit für eine entsprechende Reaktion und Partizipation eingeräumt werden. Dieser erforderliche Zeitraum muss auch in der Einsatzkommunikation berücksichtigt und angeboten werden.
Betrachten wir die Seite der internen Kommunikation und der kollegialen Interaktion, so haben sich schon einige Inhalte bewährt:

4. Absprachen sind immer dann unabdingbare Voraussetzung, wenn mehrere Personen einschreiten. Sie sind unverzichtbar.

5. Daneben kommt auch einer zielgerichteten Einsatzvorbereitung große Bedeutung zu. Die kann sich logischerweise nicht nur auf den materiellen Teil beschränken, sondern muss auch mögliche Reaktionen und Einsatzverläufe berücksichtigen. So *ist es im Einzelfall sicherlich richtig und sinnvoll, in einem Interaktionsprozess den Kollegen auf wichtige Dinge aufmerksam zu machen, zu erinnern oder auch selbst zu verstärken.*

6. Betrachtet man den Zeitraum des Einschreitens selbst, so *wird schnell klar, dass auch hier eine ständige einsatzbegleitende Kommunikation nötig ist.*

7. Bisher gemachte Erfahrungen zeigen, dass auf eine Einsatznachbesprechung mit allen am *Einsatz beteiligten Personen nicht verzichtet werden kann. Bei der Überlegung, welche kommunikativen Inhalte geübt und trainiert werden sollten, müssten beim Anstreben allein des ersten Zieles schon diese sieben Schwerpunkte berücksichtigt werden.*

Um das Verhältnis Bürger/Polizei zu verbessern und das polizeiliche Verhalten für den Bürger akzeptierbarer zu machen, ist es unabdingbare Voraussetzung, sich in die Situation des Bürgers zu versetzen. Dieses Thema aus der Sicht und Aufgabensteilung der Polizei zu diskutieren erscheint wenig sinnvoll. Wenn mehr Akzeptanz gefordert wird, muss zunächst überlegt werden, wie akzeptierbares Verhalten aussehen kann oder welche Dinge nicht akzeptiert werden. Hier hilft es im Einzelfalle sicherlich. sich selbst einmal in die Situation eines Bürgers zu versetzen und das Einsatzgeschehen aus diesen Augen auf sich wirken zu lassen. Jedoch gibt es mittlerweile auch schon einige zusätzliche Indizien. Betrachtet man die vielerorts gemachten Auswertungen von Beschwerden aus der Sicht des Bürgers, so fallen einige Gemeinsamkeiten auf:

Zunächst einmal scheint es nicht die Maßnahme selbst zu sein, die den Beschwerdegrund liefert, sondern die Art und Weise der Vermittlung. Betrachtet man dieses Problemfeld näher, so fallen zusätzlich noch zwei weitere Punkte auf. Zum einen scheint der Bereich der Belehrungen sehr problematisch und konfliktträchtig zu sein. Zum anderen ist häufigster Beschwerdegrund Aggression im Kommunikationsvorgang. Gerade dieser häufigste Beschwerdegrund ist auch genau der, der am schwierigsten zu beeinflussen ist. Im Rahmen dieser Diskussion bleibt nicht viel mehr übrig, als ihn unter dem Gesichtspunkt der kommunikativen Handhabung von aggressivem Potential zu reduzieren. Zusammenfassend ergäben sich aus den hier diskutierten drei weitere Forderungen:

8. Der Beamte muss die Fähigkeit entwickeln, notwendige Maßnahmen in akzeptierbarer Form durchzuführen. Dazu sollte er sprachlich alle Möglichkeiten nutzen, um dem Betroffenen den Vorgang zu erleichtern

2. Gewaltausübung

Die Anwendung körperlicher Gewalt wird nicht aus dem polizeilichen Alltag gänzlich verschwinden können. Wird sie jedoch erforderlich, so muss der Bürger mit Recht erwarten können, dass die einschreitenden Beamten professionell und sicher handeln. Das setzt voraus, dass sie zunächst einmal manuelle Eingriffstechniken möglichst perfekt beherrschen. Leicht einsehbar ist jedoch, dass bei der Ausübung solcher Eingriffstechniken auch der Kommunikation als unterstützendes, begleitendes Moment eine große Bedeutung zukommen kann. Deshalb sollte grundsätzlich mit dem Betroffenen gesprochen werden. Denkt man über den Inhalt des Gespräches nach, so fallen deutlich Parallelen zu den o. g. Zielen auf.

Auch hier spielt die Forderung nach Transparenz des Einschreitens eine wichtige Rolle. Das gleiche gilt für die Eindeutigkeit und die Einräumung eines entsprechenden Reaktions- und Partizipationszeitraumes (wie wir noch sehen werden). Gerade die Beteiligung des Betroffenen kann hier an mehreren Stellen eine große Bedeutung haben, so dass diese drei Ziele über den gesamten Einsatzzeitraum Bedeutung behalten müssen. Zusätzlich müsste in diesem Bereich noch ein weiterer Aspekt berücksichtigt werden. Von einem Polizeibeamten kann man verlangen, dass er auf zu erwartende Stress-, Frust- und Aggressionsreaktionen auch kommunikativ sicher und handwerklich zu reagieren vermag. Damit ist natürlich eng eine bestimmte Rollendistanz gefordert. Unabhängig davon, inwieweit man auf Einstellung und Rollenverständnis einwirken kann, bleibt jedoch für den kommunikativen Vorgang eine weitere Forderung bestehen.

9. Der Beamte muss in der Lage sein, mit aggressiven oder den Unwillen zeigenden Äußerungen kommunikativ umzugehen.

10. Darüber hinaus muss dem Belehrungsvorgang spezielle Aufmerksamkeit gewidmet werden. Der Kollege muss durch das Kommunikationsprogramm soweit geschult werden, dass er auch Belehrungen in einer Art und Weise durchführen kann, die es dem Betroffenen ermöglicht, eigenes Fehlverhalten mit der Repression zu verbinden und nicht sachfremde andere Gründe zur Abwehrhaltung zu benutzen. Sachliches Konstatieren auf der einen Seite, verbunden mit vorwurfsfreier Darlegung des Sachverhaltes und

Verhinderung der Einbringung eigener Normen und Werte können wichtige Unterpunkte sein.

11. Die zusammenzustellenden Inhalte müssen es ermöglichen, dass der Kollege bei entsprechendem Training eigene wie auch fremde Aggressionen kommunikativ sicher handhaben kann.

3. Rechtsstaatlichkeit

Das Rechtsstaatsprinzip und im Ausfluss daraus das Übermaßverbot haben Verfassungsrang. Diese Aussage gilt natürlich nicht nur für die Maßnahme selbst, sondern auch und vielleicht in diesem Diskussionszusammenhang im besonderen Maße für die begleitende Kommunikation. Nicht nur das polizeiliche Einschreiten selbst, sondern jede einzelne Maßnahme muss mit dem Übermaßverbot im Einklang stehen. Erweitern wir diesen Gedanken auf den Kommunikationsvorgang. Muss nicht auch die den Einsatz begleitende Kommunikation diesem Übermaßverbot Rechnung tragen? Akzeptiert man das, so gelten auch für den Kommunikationsvorgang die Geeignetheit, die Erforderlichkeit und die Verhältnismäßigkeit. Ist jede im Einzeldienst geübte Kommunikation als Bestandteil einer Maßnahme immer geeignet, erforderlich und verhältnismäßig?

Ein Erfordernis der Geeignetheit ist die Zwecktauglichkeit. Daraus ergeben Sich auch einige wichtige Überlegungen für den Kommunikationsvorgang. Ist das, was gesagt wird, tauglich, das angestrebte Ziel zu erreichen? Bei einigen Maßnahmen ist es in dem Zusammenhang zwingend notwendig, auch darüber nachzudenken, welches Ziel überhaupt verfolgt werden soll. Mag es bei der Durchführung einer Blutprobe noch recht einfach sein, so kommt man allerdings bei einigen anderen Maßnahmen auch in Mischfelder hinein. Betrachten wir auf dem Verkehrssektor eine Ordnungswidrigkeit, so könnte das Ziel letztlich eine andauernde Verhaltensänderung beim Verkehrsteilnehmer sein. Jede Kommunikation die dieses Ziel verfolgt, wäre damit geeignet, und jede Kommunikation, die das verhindert, wie z. B.

jeder persönliche Vorwurf, Unfreundlichkeit oder andere Dinge, wären aus diesem Gesichtspunkt schon ungeeignet, untauglich und damit nicht im Einklang mit dem Übermaßverbot. Etwas überspitzt formuliert, ist damit der Kommunikationsvorgang, parallel zur Maßnahme in einen unzulässigen Teil aufgeteilt und in einen geeigneten und erforderlichen zum Zwecke der Zielerreichung. Ähnliche Überlegungen ergeben sich auch bei der Betrachtung der Erforderlichkeit. Bei der Prüfung der Erforderlichkeit ist grundsätzlich eine Abwägung zwischen den einzelnen geeigneten Mitteln vorzunehmen, wobei eine Begrenzung durch den Zweck zu berücksichtigen ist. Die Auswahl der Mittel ist aber auch dadurch beeinflusst, dass dem Betroffenen grundsätzlich gestattet ist, geeignete eigene Vorstellungen mit in den Entscheidungsprozess einzubringen. Hier kann es eigentlich nur eine Ausnahme geben, die sichere Zeitnot. In allen anderen Fällen muss im Rahmen des Interaktionsprozesses die Möglichkeit des Mittelaustausches vorgesehen werden. Daneben müsste damit auch der Zeitaspekt berücksichtigt sein. Die rasche Durchführung einer Maßnahme ohne den Betroffenen adäquat zu beteiligen, erscheint deshalb nicht nur unklug, sondern auch rechtlich bedenklich, wenn nicht sogar rechtswidrig. Auch in diesem Zusammenhang zeigt es sich, dass der Vermittlungsprozess das eigentliche Problem darstellt.

Im Rahmen der Verhältnismäßigkeit muss das rechtsgutbeeinträchtigende Verhältnis Maßnahme-Ziel genauer betrachtet werden. Jedem ist geläufig, dass die polizeiliche Maßnahme nicht einen erkennbar größeren Schaden anrichten darf als ohne polizeiliches Einschreiten überhaupt entstanden wäre. Die Polizei ist damit verpflichtet, vor jedem Eingriff eine Rechtsgüterabwägung vorzunehmen, wobei die zu schützenden Rechtsgüter in Relation zu den beim Pflichtigen zu beeinträchtigenden Rechtsgütern zu setzen sind. Dazu werden nach der aktuellen Rechtsauffassung nachfolgende Abwägungskriterien herangezogen:

- Wertskala der Grundrechte
- Umfang und Intensität der Beeinträchtigungen

- Gedanken der Zumutbarkeit und der Aufopferung.

Üblicherweise wurden bisher diese Überprüfungen immer nur auf eine Maßnahme bezogen. Folgt man dem dahinterliegenden Grundgedanken der Rechtsstaatlichkeit, so kann diese Überlegung nicht allein bei der Beurteilung, welche Maßnahme durchgeführt werden soll, stehenbleiben. Genauso richtig und sinnvoll und vielleicht auch zwingend vorgeschrieben, ist die Überlegung, in welcher Art und Weise ich die ausgewählte Maßnahme durchführe. Somit ergibt sich in diesem Diskussionszusammenhang eine Art Verhältnismäßigkeit innerhalb einer Maßnahme. Es ist nämlich nicht egal, in welcher Art und Weise jemand durchsucht wird, wenn auch die Durchsuchung selbst rechtmäßig und verhältnismäßig erscheint. Diese Überlegungen einzig und allein auf Formvorschriften abzuwälzen, scheint. wenig sinnvoll. Gleiche Überlegungen gelten selbstverständlich für den kommunikativen Aspekt der Maßnahmenbegleitung. Die einsatzbegleitende Kommunikation müsste demnach dem Prinzip der inneren Verhältnismäßigkeit folgen und den Eingriff so gestalten, dass er für den Betroffenen am ehesten zu ertragen ist. Aus dem Prinzip der Rechtsstaatlichkeit ergeben sich damit zusätzliche weitere Forderungen an den Kommunikationsvorgang:

12. Die einsatzbegleitende Kommunikation muss einen Zeitraum vorsehen, in dem es dem Betroffenen ermöglicht wird, eigene Vorstellungen einzubringen.

13. Ist die Entscheidung für eine Maßnahme gefallen, so *muss innerhalb der Maßnahme ebenso die Verhältnismäßigkeit beachtet werden. Die dazugehörige Kommunikation muss dieses Ziel nicht nur im Auge behalten, sondern systematisch fördern und begünstigen.*

4.Demokratieprinzip

Das Rechtsstaatsprinzip kann man im Grunde genommen nicht einseitig isoliert diskutieren. Es steht im Zusammenhang mit weiteren Verfassungsprinzipien. Hier ist insbesondere das Demokratieprinzip hinzuzuziehen. Betrachtet man beide Prinzipien in ihrer Abhängigkeit und Wechselwirkung und betrachtet sie weiterhin als Zielbestimmung, so ergeben sich daraus Forderungen für polizeiliches Handeln. Neben der Prüfung der Rechtmäßigkeit tritt nun die Überprüfung der sozialen Angemessenheit des Vermittlungsprozesses ein. Hat die Frage nach der Rechtmäßigkeit noch einen starken Sachbezug, so ist die Überprüfung der Angemessenheit jedoch eher eine Frage der Beziehung der beiden Interaktionspartner. Es ist fraglich, ob es in der Zukunft noch weiterhin möglich sein wird, allein den Sachaspekt dieser Überlegungen im Ausbildungs- und Fortbildungsvorgang zu berücksichtigen. Es scheint höchste Zeit zu sein, die Dimension der Beziehungsebene damit unabdingbar zu verknüpfen und mit zu berücksichtigen. Der besondere Charakter der Polizei/Bürger - Interaktion besteht gerade darin, die Sachebene nicht von der Beziehungsebene trennen zu können. Es liegt deshalb aus diesem praktikablen Gedanken nahe, beide Bereiche auch in den Prüfungsarbeiten und insbesondere im kommunikativen Prozess ausdrücklich zu berücksichtigen. Befinden wir uns auf der Sachebene noch in einem relativ sicheren Diskussionsrahmen, so erleben wir bei der Diskussion der Beziehungsebene einen Bereich, der von sehr vielen Faktoren beeinflusst wird. Hier gilt es letztlich die Persönlichkeitsstrukturen, die Einstellungen der Interaktionspartner zu berücksichtigen. Weiterhin wirken gesellschaftliche Verhaltensnormen und gesetzliche Regelungen als Faktoren und werden zusätzlich noch von für den Polizeibeamten vorgeschriebenen Verhaltensvorschriften beeinflusst.

Es bleibt deshalb für die Überlegung, welche Inhalte in einem Kommunikationsprogramm Berücksichtigung finden sollten, nur übrig, die handhabbaren Teile ins Auge zu fassen. In diesem Zusammenhang erscheint soziale Angemessenheit eher eine demokratische Angemessenheit der Vermittlung und eine wirksame Beteiligungsmöglichkeit für den Betroffenen darzustellen. Daraus ergibt sich eine weitere Forderung:

14. Trotz der bestehenden Asymmetrie sollte der Interaktionsvorgang auf der Basis des Personengleichheitswertes im Rahmen symmetrischer Kommunikation ablaufen.

15. Des weiteren ergibt sich eine Bestätigung der schon genannten Forderungen, aber auch eine weitere Differenzierung: Der Kommunikationsvorgang muss Zeit und Gelegenheit bieten, Bedenken gegen polizeiliche Aktivitäten zu äußern, Einwände zu formulieren und eigene geeignete Vorschläge zur Problemlösung einzubringen. Das bedeutet mit anderen Worten, dass der interaktionskompetente Polizeibeamte Maßnahmen nicht zu früh festlegt, um alle situativen Momente des Geschehensablaufes in eine rechtliche und personalbegründete Handlung einfließen zu lassen. Nur dadurch erscheint es *möglich, rechtlich vertretbare und zugleich sozial befriedigende Handlungsweisen zu erreichen.*

5. Zusammenfassung

Die bisher diskutierten 15 Forderungen an die Inhalte eines Kommunikationstrainings zeigen auf der einen Seite, wie umfangreich und kompliziert der Interaktionsprozess ablaufen kann, auf der anderen Seite, jedoch auch die Wechselwirkung und Kongruenz einzelner Punkte. Es ist sicherlich möglich, diese 15 Punkte in Kategorien zu fassen, so dass letztendlich weniger Kategorien als Ergebnis stehen. An dieser Stelle wird jedoch darauf verzichtet, die Punkte sollen zunächst einmal für sich sprechen. Betrachten wir jetzt den Trainingsverlauf aus der Sicht des Lernprozesses. Bei der unstrittigen Komplexität der Gesamtforderungen wäre es trotzdem sinnvoller und wirkungsvoller, ein möglichst einfaches Modell zu entwickeln. Für den Lernvorgang selbst wäre es das einfachste, eine bestimmte kommunikative Technik anzuwenden und zu üben. Das scheint aber bei der Vielzahl der Forderungen nicht möglich zu sein. In mehreren Arbeitsgruppen wurde in den letzten Jahren versucht, möglichst viele Forderungen in Trainingsinhalte umzusetzen. Das Beherrschen der folgenden Fertigkeiten scheint Voraussetzung für das Training von speziellen Teilen der Einsatzkommunikation zu sein. Sie müssen zuerst eingeplant und geübt werden.

1. Grundfertigkeiten:
- Zuhören, analytisch zuhören - genaues Zuhören) aktiv Zuhören
- Gefühlsbotschaften senden Bedürfnisse und Wünsche adäquat äußern, Konfliktgespräche führen
- Kommunikative Problemlösungsstrategien anwenden

2. Spezielle Fertigkeiten:
- Diskriminative Verstärkung
- Kontaktgespräche
- Belehrungen und verkehrsdidaktische Gespräche
- Umgang mit Aggressionen

Damit ist ein wesentlicher Teil der Forderungen erfüll bar. Das Beherrschen dieser Grundfertigkeiten sagt jedoch über deren Benutzung und Einbindung in polizeiliches Alltagshandeln wenig aus. Die Integration der hier vorgestellten Fortbildung besteht gerade darin, solche Fertigkeiten auf allen möglichen Gebieten einzubeziehen, aufbauend weiterzuentwickeln und mit zu trainieren. So wird bei jeder denkbaren Situation kommuniziert, sei es auf der .Judomatte", auf dem Schießstand oder auf der Lehrwache. Da der Einzeldienst in sehr großem Maße von Teamarbeit profitiert, muss dieser Bereich mit in den Kommunikationsvorgang einbezogen werden (Forderungen 4-7). Gerade in diesem Bereich besteht die große Chance, noch andere wichtige Inhalte automatisch mit zu trainieren, um beispielsweise die Reaktionszeit zu verkürzen oder emotional stabiler zu reagieren. Erforderlich ist ein Kommunikationsblock mit

- mentaler Einsatzvorbereitung
- Absprache
- kollektiver Instruktion
- positiver Selbstinstruktion [20]

---

[20] Siehe hierzu Ausführungen zu "*Übung und Training reaktiver*

Bei ausreichendem Training dieser diskutierten Inhalte werden die Forderungen 4, 5, 6, 7, 8 und 10 weitestgehend erfüllt. Die Bereiche 1, 9, 11 und 14 können zumindest in einem wesentlichen Teilbereich bearbeitet werden.

Es fällt jedoch auf, dass einige Forderungen, 2, 3,12,13 und 15 nicht oder nur in sehr geringem Maße berücksichtigt werden. Transparenz polizeilichen Einschreitens, Anbieten eines Partizipationsrahmens, Beteiligung der Betroffenen, Einsatz begleitender Kommunikation und Berücksichtigung einer inneren Verhältnismäßigkeit sind mit den bisher genannten Trainingsinhalten nicht genügend berücksichtigt. Es fehlt eine spezielle Einsatzkommunikation. Hierzu wäre es günstig, einfache Modelle anbieten zu können. Doch Modelle haben grundsätzlich den Nachteil, dass man sie als rezepthafte Vorschläge auffassen kann. Klischees und rezepthafte Vorgehensweisen sind aber für die Einzelfallregulierung ungeeignet, weil sie die besonderen situativen personalen Faktoren nicht genügend berücksichtigen können. Die nun zu diskutierenden Modelle sollen deshalb nicht als Idealsequenz oder als Rezept verstanden werden, sondern als ein dynamisch gestaltbares Rahmenkonzept, das jeder Situation genau angepasst und verändert werden kann. Dieser dynamische Rahmenansatz ermöglicht es auch, die Einzeldienstsachverhalte grundsätzlich auf zwei Prinzipien zu reduzieren:

6. Die Einsatzmodelle A und B

Es wurde ein einfaches Unterscheidungsmerkmal gesucht. Zunächst bot sich an, vom Problembesitz auszugehen. Daraus ließen sich zwar Modelle entwickeln, aber es stellte sich sehr bald heraus, dass bei den Kollegen das Gefühl vorherrschte, bei den Problemen anderer immer mitbeteiligt zu sein. Das Rollenverständnis motivierter Einzeldienstkollegen führt häufig dazu, dass sie

---

Handlungskompetenz" – letztes Kapitel

selbst bei einer gewünschten Hilfeleistung am Telefon Problembesitz empfinden. Das ist auch nicht verwunderlich, da es ja gilt, neben der Hilfe auch möglichst umfangreiche und genaue Einsatzdaten zu bekommen. Deshalb erscheinen problemorientierte Unterscheidungsmerkmale nicht sinnvoll zu sein. Möglich ist es aber, unabhängig von der Tatsache, wer das Gespräch beginnt, von einer Stimulusrichtung auszugehen. Unterscheidungsmerkmal ist dann: Wer setzt den Stimulus? Bei einem Hilfesuchenden würde der Stimulus vom Bürger zur Polizei zeigen, bei einer beabsichtigten Festnahme den anderen Weg aufzeigen und das, wie gesagt, völlig unabhängig davon, wer das Gespräch beginnt, wer die ersten Sätze spricht.

Kommunikationsmodell - A -

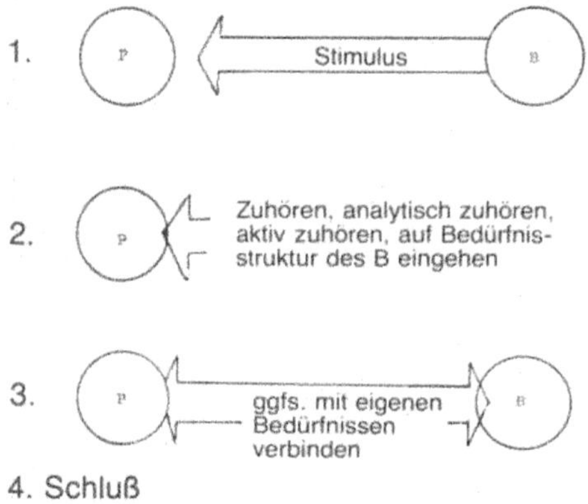

Zu 1:
Der erste Punkt in beiden Rahmenmodellen ist eigentlich eine gedankliche Tätigkeit, nämlich die Überlegung, um welches Modell handelt es sich, wer setzt den Stimulus? Hier ist es der Bürger, der an die Polizei mit einem Anliegen herantritt. Das ist auch dann der Fall, wenn durch diesen Fall die Polizei sofort ein starkes

Eigenanliegen hat.
Ein Beispiel:

Eine Streifenbesatzung fährt zu einem Familienstreit. Die Ehefrau öffnet nach dem Klingeln. Nun werden die einschreitenden Kollegen sicherlich zusätzliche Informationen erfragen wollen. Damit haben sie genau wie die Ehefrau, die Hilfe bekommen möchte, ein Bedürfnis. Es ist jetzt wichtig, sich daran zu erinnern, dass der Ausgangspunkt sich nicht geändert hat. Die Stimulusrichtung - Hilfeersuchen - ist gleich geblieben vom Anruf bei der Leitstelle bis zu diesem Zeitpunkt.

Zu 2:
Insbesondere dann, wenn wie in unserem Beispiel die Kollegen auch Wünsche und Bedürfnisse in die Situation mit einbringen, entstehen häufig falsche oder ungünstige Gesprächsteile. So ist es bei dem beschilderten Hilfeersuchen durchaus häufig zu beobachten, dass zuerst der Frau geraten wird, sie möge sich doch beruhigen und langsamer sprechen. Ähnlich könnte auch der Kollege auf der Leitstelle, der das Einleitungsgespräch entgegengenommen hat, reagiert haben. Wesentlich günstiger ist es aber, auf die Bedürfnisebene des Anrufers oder wie hier auf die Wünsche und Bedürfnisse der Ehefrau zunächst einzugehen. Das könnte bei dem Notrufgespräch auf der Leitstelle wie folgt aussehen:

"Ich habe verstanden. - Wohin sollen die Kollegen kommen?" "Sie wollen, dass wir Ihnen helfen! – kleine Pause - Wohin sollen wir kommen? "Wir helfen Ihnen! - Wo wohnen Sie?" Wenn die Frau erkennt, dass ihr Bedürfnis nach Verständigung und Hilfe entgegengenommen und zugesagt worden ist, kann sie ruhiger werden. Der dringendste Sinn ihres Anrufes ist erfüllt. Sie mit den Worten: "Bitte beruhigen Sie sich!" anzusprechen, hat wenig Sinn. Ähnliches gilt auch dann, wenn die entsendete Streifenwagenbesatzung an der Haustür klingelt und die Ehefrau öffnet. Ihre Bedürfnislage hat sich geringfügig verändert. Die gewünschte Hilfe ist jetzt anwesend. Auch hier ist es besser, anstelle von: "Beruhigen Sie sich" etwa wie folgt zu kommunizieren: "Ihnen kann jetzt persönlich nichts passieren, wir werden Sie schützen! Wir werden sofort mit Ihrem Mann sprechen, wo befindet er sich, sind Kinder in der Wohnung usw.?" Die Frau wird sich in beiden Fällen eher beruhigen, wenn sie erkennt, dass ihr Bedürfnis nach Hilfe und Sicherheit erfüllt wird oder ist, als wenn ihr geraten wird, doch bitte ruhiger zu sein. Die beiden Ausführungen sollen aber nicht darüber hinwegtäuschen, dass zuvor zugehört werden musste. Der erste Teil des zweiten Schrittes in diesem Modell besteht also immer darin, zuzuhören, analytisch zuzuhören oder aktiv zuzuhören. Erst danach erfolgen aus den gehörten Inhalten heraus der Kommunikationsvorgang und schließlich die Verbindung zum dritten Schritt.

Zu 3:
Nachdem zugehört und die Kommunikation aufgenommen worden ist, besteht nun die Möglichkeit, eigene Bedürfnisse mit einzubauen. Im obigen Beispiel erfolgte das sehr schnell durch die Bemerkung: "Wohin sollen wir kommen?“ Die Verbindung mit eigenen Vorstellungen und Bedürfnissen kann natürlich auch nach einem längeren Gespräch erfolgen. In wenigen Fällen könnte es vorkommen, dass die Polizei keine eigenen Bedürfnisse in das Gespräch einbringen muss. Auch hier empfiehlt es sich zu überlegen, ob nicht vielleicht das Gesprächsende, ein entsprechender Dank, eine Aufforderung doch häufiger ein Gespräch zu führen oder die Aushändigung einer Visitenkarte mit Telefonnummer usw. ein sinnvolles Bedürfnis sein könnte.

Kommunikationsmodell – B –
Modell B

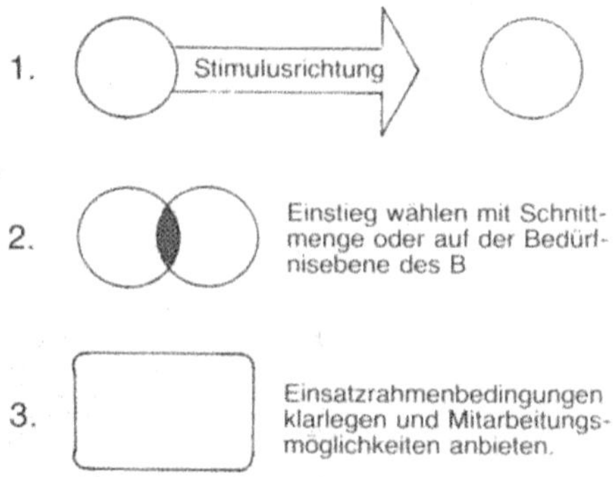

4. Schluß möglichst mit Verstärkung

Zu 1:
Auch dieses Rahmenmodell beginnt mit der Überlegung, wer setzt den Stimulus? Gemeint sind all die Fälle, bei denen die Polizei etwas durchführen will: Blutprobe, Verwarnung, Festnahme, Platzverweis usw. Der Stimulus wird von den einschreitenden Kollegen gesetzt. Auch hier gilt die Regel, dass der Stimulus sich nicht ändert, wenn der andere das Gespräch beginnt. Tritt ein Kollege z. B. an einen Fahrzeugführer heran und dieser spricht den Kollegen sofort an, so ändert sich die Stimulusrichtung nicht.

Zu 2:
In den meisten Fällen ist es besser, einen Gesprächseinstieg zu wählen. Dieser Gesprächseinstieg sollte nach Möglichkeit mit einem Inhalt gemeinsamer Interessen gewählt werden. Gemeinsame Ansichten und Interessen sind weit häufiger zu finden, als man gemeinhin glaubt. Selbst wenn der Ehemann aus unserem Beispiel, der den Familienstreit verursacht, die Kollegen anbrüllt: "Was wollt Ihr denn hier, Ihr Bullen, verschwindet aus meinem Haus!" So befinden sich auch in

diesem Satz Schnittmengen gemeinsamer Interessen. Eine Schnittmenge aus diesem Satz könnte z. B. sein, dass die Polizei sich nicht unbedingt in seinem Haus lange aufhalten will, dass das Anliegen der Polizei nicht ist, ihn in seinen Hausrechten zu stören oder ihm seine Rechte als Hausbesitzer abzuerkennen. Es genügt vielleicht, auf den gebrüllten Satz: "Verschwindet aus meinem Haus!" zu antworten: "Wir werden sofort wieder gehen. Zuvor müssen wir aber ... " oder "Tun wir sofort: Jedoch müssen wir vorher."

Mit diesem Eingehen auf eine gemeinsame Schnittmenge könnte vielleicht ein beginnender Streit schon vermieden worden sein. Stellen Sie sich im ungünstigeren Fall vor, der einschreitende Kollege würde sagen: "Wann wir hier dieses Haus verlassen, bestimmen wir!" Damit wird sicherlich unnötig an der Konfliktschraube gedreht, wie im anderen Fall Konflikte eher vermieden werden.

Zu 3:
Vermutlich ist dieser jetzt vorzustellende Teil der Bereich, der den meisten Forderungen der Anfangsüberlegungen am weitesten entgegenkommt. Hier soll dem Betroffenen nach Möglichkeit ein Beteiligungsrahmen angeboten werden. Dieser könnte bei dem Familienstreit ungefähr so aussehen: "Wir werden sofort wieder gehen! Zuvor müssen wir aber dieses Problem hier lösen." Oder: "Wir wollen uns hier in Ihrem Haus auch nicht lange aufhalten, wir müssen aber, bevor wir gehen, diesen Sachverhalt für alle Beteiligten nachhaltig lösen." Oder: "Wir wollen Sie hier auch nicht stören, wir können das Haus aber erst dann verlassen, wenn Sie jetzt Ruhe geben oder uns mit zur Wache begleiten." Selbst wenn für die einschreitenden Kollegen von vornherein feststeht, dass sie den Ehemann ins Gewahrsam einliefern werden, besteht immer auch dann die Möglichkeit, einen Beteiligungsrahmen anzubieten. Dieser kann jetzt nur noch darin bestehen, friedlich und ohne Streit und ohne Aufsehen in der Nachbarschaft mitzugehen oder mit Gewalt abgeführt zu werden. Diese Möglichkeiten sollten dem

Betroffenen absolut klar sein. Er soll erkennen, dass er diese Entscheidung **jetzt** treffen muss. Dieser Gesprächsteil kann durchaus mehrmals im Laufe des Gespräches wiederholt werden. Dieses bietet sich besonders bei Angetrunkenen oder Betrunkenen an. In eine tatsächliche Aktionsphase sollte erst dann eingetreten werden, wenn dieser Schritt mit der nötigen Zeit und Ruhe durchgeführt worden ist. Dieser Rahmen kann unendlich groß sein, aber auch wie beispielsweise bei einer Blutprobe nur darin bestehen, zu entscheiden: Möchte ich mir jetzt freiwillig von dem anwesenden Arzt eine Blutprobe entnehmen lassen oder sollen die Polizeibeamten mich fesseln und mich mit Gewalt dazu zwingen? Zuvor wurde deutlich betont, dass es sich hierbei nicht um eine Idealsequenz handeln sollte, sondern um ein dynamisches Rahmenkonzept. Jeder Kollege muss mit eigenen Worten selbstverständlich seine Möglichkeiten und Vorstellungen einbringen. Dieses Konzept hat noch eine zweite wesentlich günstigere Stufe. Es ist um ein Vielfaches besser, wenn die Möglichkeit benutzt wird, dass der Betroffene eigene Vorschläge in den Entscheidungsprozess mit einbringt und die, wenn sie tauglich sind, auch genutzt werden. Jedem ist klar, dass damit auch das Motiv, diese einzuhalten, erheblich größer sein wird, wie auch persönliche Zufriedenheit und positives Erleben der Polizei-Bürger-Beziehung die Folge sein wird. An einem Beispiel soll das noch einmal näher beschrieben werden:

Eine Gruppe von jugendlichen Mopedfahrern trifft sich fast täglich in einem Wohngebiet. Bekannte Verhaltensweisen führen zu Beschwerden der Anwohner. Eine Streifenwagenbesatzung wird über Funk beauftragt, diesen Fall "zu lösen". Die "normale" Vorgehensweise der Beamten wird sein: Mündlicher Verwaltungsakt, die Ruhestörung zu unterlassen, sich woanders zu treffen. Nun zum neuen dritten Schritt: Die Beamten steigen aus und sprechen die Jugendlichen an (B 2).

Mögliche Schnittmengen können sein: das schöne Wetter, die Gruppe, Besonderheiten der Maschinen usw. Bei dieser

Gesprächseröffnung müssen unbedingt Redewendungen, die einen Vorwurf enthalten könnten, unterlassen werden. Im Schnitt B 3 müssen jetzt die Bedingungen klar genannt werden:

"Wir sind nach hier geschickt worden, um zu überprüfen, ob die Beschwerden der Anwohner über Mopedlärm zutreffen. Unsere Aufgabe ist es, in einem solchen Fall eine Lösung zu finden. Diese sollte natürlich nach Möglichkeit allen gerecht werden." Oder: "Wir sind hier, um zu überprüfen, ob die Beschwerden der Anwohner über Mopedlärm zutreffen. Wir haben Verständnis für euer Hobby. - Wir wollen gemeinsam eine Lösung finden, die euch und den Nachbarn gerecht wird. Was können wir tun?" Auch diese Sätze müssen mit eigenem Wortinventar gefunden werden. Die Reaktion der Jugendlichen wird sein, zu relativieren, anders darzustellen, zu entschuldigen. Ob der Kollege jetzt auf diese Argumente eingeht oder nicht, ist weniger für die Problemlösung von Bedeutung, er muss jedoch zeigen, dass er sie ernst nimmt. In der Regel erwarten anschließend alle, dass jetzt die Polizei sagt, was gemacht werden soll. Nun sollte aber keine Anweisung, kein Befehl, keine Verfügung kommen. Es liegt auf der Hand, dass die Jugendlichen selbst eine für sie akzeptable Lösung eher finden werden. Sie wissen über ihre Bedürfnisse erheblich genauer und besser Bescheid. Ein Vorschlag sollte deshalb nach Möglichkeit nicht von der Polizei gemacht werden. Im Gegenteil, der Ball muss den Mopedfahrern zurückgeworfen werden, sie müssen die Lösung finden. Mögliche Redewendungen:

"Ihr könnt bestimmt eher einen Lösungsvorschlag machen als ich." Oder: *"Lasst uns mal überlegen ... ?" "Was tun wir denn jetzt?" "Wisst Ihr keine Möglichkeit, wie alle zufrieden sein können?" "Was tun wir jetzt? Habt Ihr Ideen? Macht doch mal Vorschläge!"* usw.

Wird jetzt eine akzeptable Lösung vorgeschlagen, so sollte diese selbstverständlich bekräftigt werden. Diese Lösung wird sicherlich auf Dauer besser eingehalten. Vergleicht man diese

Lösungsart mit einem autoritären Platzverweis, so bestätigt sicherlich auch die Erfahrung, dass der Einsatz damit in der Regel nicht zu Ende ist. Eine Ehrenrunde oder andere Trotzreaktionen sind durchaus üblich. Bezieht man noch die nächsten Tage und Wochen mit ein, so werden viele Kollegen sicherlich bestätigen, dass ein ähnlicher Einsatz mit den gleichen Mopedfahrern schon am nächsten Tag bevorstehen kann.

Stellen wir uns vor, wir würden am nächsten Tag an dieser Stelle erneut vorbeifahren und die Jugendlichen stünden an dem neuen von Ihnen überlegten Ort. Würden Sie anhalten und das Gespräch suchen? Wäre der Einsatz nach neuem Muster abgelaufen, scheint das sehr wahrscheinlich, auf jeden Fall möglich und sinnvoll. Stellen Sie sich weiter vor, Sie suchen ein Unfallfluchtfahrzeug: Würden Sie die Jugendlichen fragen? Eine Bereitschaft zur Mithilfe kann ich mir nur im Anschluss an die neue Art vorstellen.

Bei richtigem Training, bei richtiger Anwendung dieser zwei Kommunikationsmodelle, werden die zuvor diskutierten noch nicht berücksichtigten Forderungen weitestgehend erfüllt. Mehr Transparenz, mehr Partizipation, höhere Effizienz, mehr Rechtsstaatlichkeit und Demokratie könnten neben einer Verbesserung des Verhältnisses Bürger/Polizei die Folge sein. Insgesamt werden folgende Wirkungen angestrebt:
Zu 2: Strukturierung der Erwartungen, Modifizierung der Bedürfnisse und positive Beeinflussung von Frust, Aggression, Stress und Leistung, Verkürzung der Reaktionszeit, in einigen Fällen Schaffung von Reaktionszeit "Kleine Taktik" (Lagebeurteilung, Absprachen usw.).
Zu 3: Abbrechen des Erregungsaufbaus, Motivationssteuerung zum positiven Vorgehen, Aufrechterhaltung einer relativ psychischen Stabilität und Wiederherstellung einer günstigeren Ausgangslage.

Zu 4: Verstärken des Lernvorganges, taktischer Abgleich und Verbesserung als dynamischer Faktor bei Einbeziehung des

Streifenkollegen, Relativierung und Aufarbeitung negativer Erlebnisse und neue Einstimmung und Motivierung. Teilbereiche dieses Systems lassen sich auch dann einsetzen, wenn ohne einen Teampartner eingeschritten werden muss. Funktion für Einzelverhalten bei einer Verkehrskontrolle:
Fahrzeuge halten an. Ich gehe auf ein Fahrzeug zu.
Ich erwarte, dass der ein oder andere Verkehrsteilnehmer seinen Unwillen über diesen Zwangsaufenthalt äußern wird, weil ich das kenne. Beispiel:
Mentale Einsatzvorbereitung/ Positive Selbstinstruktion: Ich rechne jetzt damit, dass der Verkehrsteilnehmer seinen Unmut über das Anhalten äußert. Das ist aus seiner Sicht verständlich. Der Verkehrsteilnehmer dreht die Scheibe herunter. Schimpft auf den Polizeibeamten ein:
"Habt Ihr nichts Besseres zu tun, als überarbeitete Geschäftsleute von wichtigen Terminen abzuhalten?"
Na ahnte ich es nicht? Es ist egal ob er einen schweren Tag gehabt oder es sehr eilig hat, als Profi führe ich das Gespräch zu einem positiven Ausgang.
"Fangt lieber die Terroristen!"
Polizeispezifische Tätigkeiten (Führerscheinüberprüfung, Datenabfrage usw.), Weiterfahrt des Verkehrsteilnehmers, Gedanken und Überlegungen des Polizeibeamten über diesen Vorfall:

Es ist gut, dass ich mich nicht habe beeinflussen lassen, dass ich genauso bestimmt und höflich meine Arbeit durchgeführt habe, wie ich es sonst tue. Damit schütze ich mich und helfe vielleicht dabei, dass er sein Verhalten reflektiert.

Beispiele für Modifizierung der Erwartungshaltung durch Vorbereitung auf eine Provokation:

1. Es kann mich aus der Fassung bringen, aber ich weiß, wie ich damit zurechtkomme.
2. Ich weiß, was ich zu tun habe!
3. Ich habe auch für diesen Vorfall einen Plan, damit richtig umgehen zu können.

4. Ich kann die Situation bewältigen. Ich weiß, wie ich meinen Ärger unter Kontrolle kriegen kann.
5. Wenn ich merke, dass ich mich ärgere, weiß ich, was ich zu tun habe.
6. Es könnte zu einer Bewährungssituation kommen, aber ich glaube an mich selbst.
7. Von einem Polizeiprofi kann man Gelassenheit und professionelle Distanz erwarten.

Auseinandersetzung mit der Erregung / Abschwächung negativer Emotionen wie Arger, Frust und Wut:

1. Bleib ruhig. Mache ruhig und sicher weiter.
2. Solange ich mich kühl und sicher gebe, habe ich mich unter Kontrolle.
3. Es gibt nichts, weswegen ich jetzt verrückt werden sollte.
4. Das ist aber eine ungeschickte Gesprächseröffnung.
5. Er hat sicher einen schweren Tag gehabt. Das sieht man ihm sogar auch an.
6. Die Situation ist auch unangenehm für ihn.
7. Nach einem solchen Tag und jetzt noch das Anhalten wäre mir auch nicht wohl.

Es ist klar, für einige Leser wird das alles ziemlich kleinlich und auch möglicherweise zu sooft wirken. Es wirkt aber dennoch sehr stark, schütz vor Arbeitsunzufriedenheit, verbessert die Wirkung und hilft der Polizei ihre schwierige Arbeit mit anspruchsvollen Zielen zu verbinden.

Wir fühlen, was wir denken!

Warum soll ich mich schlecht fühlen, nur weil ich meine Gedanken sich selbst überlasse? Besser wird es sein, professionell zu denken und sich selbst vor langfristigen Deformationen, schlechten Gefühlen und Reduzierung der Arbeitsmotivation zu schützen. Außerdem dient es der Eigensicherung, der Gesundheit und einer positiven Gestaltung des Bürger-Polizei-Verhältnisses. Der Beruf soll Spaß machen und nicht runterziehen und das Leben belasten, so stellt sich moderne Professionalität dar.

Fehler beim Einschreiten

Zunächst fragen wir: Welche Bereiche lösen schlechte Gefühle, Probleme und Beschwerden aus? Erste Hinweise darüber bekam ich durch die Auswertung von vielen hundert Beschwerdevorgängen. Es stellte sich heraus, dass nicht die Maßnahmen selbst, sondern das Verhalten des Polizeibeamten kritisiert wurde. In mehr als zwei Drittel aller Beschwerdefälle wurde behauptet, dass unnötige Aggressionen mit im Spiel gewesen waren. Die betroffenen Kollegen hatten überwiegend eine andere Wahrnehmung. Sie glaubten daran, dass sie allerhöchstens direktiv oder forsch gewesen waren.

In vorigen Kapiteln haben wir schon die Probleme von Macht, Gewalt und Aggression diskutiert. Es ist danach durchaus möglich, dass beide Wahrnehmungen zutreffen. Die Anwendung von legitimer Staatsgewalt kann sehr schnell als Aggression bewertet werden, vor allem dann, wenn sie konsequent und direktiv vorgetragen wird. Andererseits ist der Besitz von Macht, wie wir alle wissen, psychologisch eine sehr gefährliche Besonderheit. Sie entgleitet sehr schnell dem Unrechtsbewusstsein. Der Bürger besitzt nicht automatisch die Kompetenz, zwischen Macht, legitimer und anderer Gewalt und Aggression zu unterscheiden. Negative Gefühle werden sehr schnell als aggressive Verursachung verarbeitet. Das muss ein guter Polizist wissen und auch damit umgehen können. Im Verlauf der Diskussion werden noch weitere Folgen und Möglichkeiten angesprochen.

Bisherige Analysen über das Verhalten der Polizei gingen zum großen Teil davon aus, dass *ein Urspannungsfeld im Selbstverständnis der Polizei bestehe zwischen der Erfüllungspflicht von Sachaufgaben und gesellschaftlichen Erwartungen oder anders zwischen Selbst- und Fremdbild. Dieses Problem könnte sich beim Staatsbürger als Konflikt zwischen persönlichem Freiheitsstreben und Einsicht in soziale Notwendigkeiten darstellen*[21].

---

[21] Sinngemäß *Meier-Weiser* in: Psychologische Aspekte der gesellschaftlichen Funktion der Polizei (6/82).

Dieser Konflikt wird von vielen Polizeibeamten bestätigt, auch häufig empfunden und in verschiedenen Reaktionen bewiesen. *»Wer sich entschließt, Angehöriger der Polizei zu werden, muss wissen, dass sein Beruf mehr als die meisten anderen nicht nur heftiger Kritik ausgesetzt sein wird, sondern dass er in demokratischen Staaten auch nie einheitliche politische, richterliche und gesellschaftliche Anerkennung finden wird, die er sich vielleicht wünscht* [22]« (oder auch benötigt)

Es gibt so etwas wie eine ***empfundene Statusdiskrepanz***. Obwohl der Polizeiberuf zu den angesehensten gehört, erleben vor Ort arbeitende Beamte/Innen häufig eine starke Ablehnung, insbesondere von den direkt Betroffenen. Das ist zwar ziemlich normal, aber es verfestigt die Ansicht, dass ihre Arbeit nicht genug gewertschätzt wird, was eigentlich nicht stimmt. Frag man nämlich den Betroffenen in einem anderen Kontext, so ist er mit der Polizei in der Regel ganz zufrieden. Wie wir noch später sehen werden, erwächst aus dieser Diskrepanz eine Haltung, die meist unbemerkt eine unangenehme Fehlerquelle auslöst.
Das hier gemeinte Spannungsfeld wird auch in Zusammenhang gestellt mit Berufszufriedenheit, berufsbedingte Deformationen und den Auswirkungen auf die» Bürgernahe und das Sicherheitsgefühl. *»Da der Polizeibeamte sehr engen Kontakt zum Bürger hat, wirkt seine Berufszufriedenheit viel direkter auf die Öffentlichkeit und es hülfe wenig, einem Unzufriedenen Bürgernabe einzuüben. Menschen mit so erlebter Rollenunsicherheit erleben eine geringere Befriedigung und eine höhere arbeitsbedingte Spannungen, fühlen sich eher überflüssig und haben geringeres Selbstvertrauen als andere.“*[23] Obwohl es möglich wäre, wird beides auch nicht durch polizeiinterne Anerkennung und Wertschätzung aufgefangen.

Aufgabe dieses Beitrages soll es sein, die Zufriedenheit dadurch zu verbessern, dass polizeiliche Arbeit vom Bürger und vom Beamten selbst positiver ist und auch so erlebt werden kann. Das geht durch

---

[22] *Endruweit* 1979, S. 22 ff. 3 a.a.O.
[23] Meier-Welser ebenda

Vermeidung von spezifischen Fehlern, die im Hintergrund wirken und so schnell nicht beobachtet werden können. Mit anderen Worten, gelingt es diese unbekannteren Fehlerquellen zu erkennen und zu vermeiden, so kann daraus ein hohes Maß an Zufriedenheit rekrutiert werden.

Werden die Polizeianwärter/Innen darauf vorbereitet?

Der heranwachsende Mensch muss mit seinen normalen Aggressionen fertig werden. Die Erziehung, die Schule, das Elternhaus, die Spielkameraden zeigen ihm mehr oder weniger genaue Grenzen auf. Mit zunehmendem Alter wird er die Möglichkeiten seiner Aggressionsausübung kennenlernen. Je nachdem, welche Erfahrungen gemacht werden, werden bestimmte Handlungen und Bewältigungsmechanismen bevorzugt. Das reicht vom Vermeiden solcher Situationen über sublime unterschwellige Formen bis hin zur offenen Handgreiflichkeit. Was geschieht nun aber in der Ausbildung mit den individuellen Erfahrungen und Schranken, mit der erlernten Art mit Aggressionen umzugehen?

Zunächst wird ein Teil der Bewerber aus dem Elternhaus herausgelöst und muss sich nun in der Gemeinschaftsunterkunft neu orientieren. Ein anderer Teil erfährt die Besonderheiten einer FH und der ersten „richtigen“ Behörden. Sehr schnell bemerkt er, dass das, was er wahrnimmt, mehr oder weniger autoritär strukturiert ist. Konflikte werden von oben nach unten anders gelöst als umgekehrt.

Da er an der unteren Stufe der Hierarchie steht, fallen ihm diese „kleinen" Unterschiede sehr schnell und deutlich auf. In der Regel weiß er in kurzer Zeit, welche Art des Verhaltens von ihm erwartet wird. Das deckt sich in der Regel auch mit der bisherigen Lebenserfahrung. Konflikte innerhalb der Lerngruppe werden dann nach alten erlernten Mustern geregelt.

Neben diesen selbständig ablaufenden Dingen wird auch vermittelt, dass er in der Zukunft eine bestimmte Rolle einzuhalten ist. Ungebundenes Handeln wird nicht von ihm erwartet, sondern eine rollenkonforme Reaktionsweise wird gefordert.

Das heißt, dass nach dem Legalitätsprinzip bestimmte Handlungen vorgegeben sind. Diese werden ausführlich gelernt und auch bis hin zu reflexhafter Abfolge begriffen. Alle anderen Maßnahmen können mit eingeschränktem Ermessen der polizeilichen Aufgabenstellung angepasst werden. Beide Handlungsgruppen werden vom jungen Beamten, von der jungen Beamtin als legal und wünschenswert begriffen. Einher geht sogar ein gewisser Zwang zum Handeln. Die Erwartungen nach Anerkennung und Wertschätzung sind zu diesem Zeitpunkt noch sehr optimistisch. Umgang mit Enttäuschung und Frust steht nicht auf dem Lehrplan.

Aggressionsverschiebung beim Einschreiten

Da polizeiliches Einschreiten überwiegend repressiv orientiert ist und Aggressionen auf möglichst direkte Abfuhr drängen, besteht leider die hohe Wahrscheinlichkeit, dass diese eigenen Stimmungen mit polizeilichen Maßnahmen unbemerkt verknüpfen werden. Mit anderen Worten, es gibt genügend polizeiliche Handlungen, mit denen eigene Aggressionen und persönlicher Ärger verbunden werden können. Dies kann sehr vorsichtig und unauffällig geschehen, z. B. durch zynische oder höhnische Bemerkung, aber auch durch Verschärfung der Folgen und auffällig offen durch Schimpfen, Provozieren und Drohen. Die polizeiliche Einzeldienstarbeit ist dazu prädestiniert. Wie schon begründet, ist Repression sowohl vom Rollenverständnis wie auch vom Legalitätsprinzip rechtmäßig und damit im Bewusstsein des Beamten erlaubt. Wird nun eigene Aggression oder eigener Ärger mit polizeilichem Handeln offen oder versteckt verbunden, so wird auch dieses aggressive Verhalten unter „erlaubt' und „rechtmäßig" subsumiert. Das Unrechtsbewusstsein bleibt dabei ausgeschaltet oder wenig tangiert. Die einfachsten Rationalisierungen, wie etwa: „Der hat sich doch falsch verhalten!“„Der ist ja selber schuld, er hat ja angefangen", werden als allgemein bekannte Tatsachen akzeptiert. Eine überwachende Kontrolle und systemische Aufarbeitung unterbleibt. Meist ist der zweite Kollege dabei sehr vorsichtig und macht in der Regel die Erfahrung, dass dieses Thema nicht gut ansprechbar ist. Selbst bei durchgeführten „Rollenspielen" im Polizeikundeunterricht eskalieren diese häufig bei den geringsten Schwierigkeiten, die der andere macht.

In sehr kurzer Zeit bilden sich hier Bewältigungsmechanismen, die für das Individuum einfach zu benutzen und tauglich sind, aber sich dem kontrollierenden Unrechtsbewusstsein entziehen. Für die Polizei ist solches Verhalten natürlich aus vielen Gründen nicht akzeptabel. Verstärkend kommt aber hinzu, dass der Unterschied der Konfliktbewältigung von oben nach unten – unten nach oben bereits als polizeiliche Kultur bekannt ist. Jetzt fühlt sich der Einschreitende als derjenige, der die besseren Trümpfe hat, der so gesehen oben steht. Aus vielen Gesprächen und Diskussionen ist bekannt, dass all das Beschriebene als ganz „normal", als ganz natürlich betrachtet wird.
Eine besondere Rolle kommt der Anwendung von Zwang zu. Hat der junge Mensch viele Jahre lang gelernt, dass das Gewaltmonopol beim Staat liegt, so muss er nun umlernen und von der Rolle des „Nur-Bürgers" zum Staatsrepräsentanten und darf bestehende, erlernte Hemmnisse und Schranken beiseitelassen. Nicht nur das, man erwartet es im Einzelfall auch von ihm. Ist die Anwendung von Zwang rechtlich möglich, so wird bei bestehendem aggressivem Potential beim Polizeibeamten sowohl der Entschluss Gewalt anzuwenden beeinflusst, wie auch die Art und Weise verschärft. Auch hier ist ein Unrechtsbewusstsein in der Regel nicht beteiligt, da die Maßnahme ja „rechtmäßig" ist und sich im Nachhinein alles nicht mehr genau beleuchten lässt.
Um eine Kontrolle durch das Unrechtsbewusstsein zu ermöglichen, müsste, der emotionale Entschluss oder die Verschärfung zuerst einmal wahrgenommen werden. Diese Fähigkeit fehlt in der Regel. Wo sollte sie auch herkommen? Eine „Verhältnismäßigkeit innerhalb einer Maßnahme" wird erst gar gelehrt. Damit ist gemeint, eine möglicherweise zulässige Durchsuchung einer Person erlaubt nicht automatisch jede Art der Durchführung und Rechtsfolgeverschärfung. Auch die unterliegt der Verhältnismäßigkeit. In der Ausbildung tritt dieses Problem auch nicht auf, da der Schüler den Sachverhalt nur auf „dem Papier" abhandeln kann und eine unnötige Rechtsfolgeverschärfung im Sachverhalt nicht auftaucht. Er ist auch nicht persönlich beteiligt. Sie wird in diesem Sinne auch nicht behandelt, obwohl hier mindestens ein kognitives Ziel angegangen werden müsste; vielleicht die Abhandlung einer inneren

Verhältnismäßigkeit, um überhaupt die Möglichkeit einer Überprüfung zu gewährleisten.

„Jeder von uns hat sicher schon beobachtet, wie lässig die Berufsfernfahrer auf Fehler anderer Kraftfahrer reagieren. Sie heben sich wohltuend von denen ab, die in ihrem Pkw schier zu explodieren scheinen. Der Vielfahrer bewertet z. B. den Reiz *Behinderung* aus einer echten professionellen Haltung heraus völlig anders als der Sonntagsfahrer. Letzterer fühlt sich gestresst oder angegriffen, der Profi nicht. Überdenkt man dieses Beispiel, dann fällt auf, dass nicht alle Träger des Polizeiberufes diese professionelle Haltung einnehmen können. Im Gegenteil, sie werden häufig empfindlicher. Ihre Reizschwelle senkt sich schon bei geringfügigen Anlässen. In Untersuchungen wurde das mehrfach bestätigt. „Die meisten Beamten sind äußerst empfindlich gegenüber jedem Verhalten, welches eine Ablehnung oder Infragestellung ihrer Autorität symbolisieren könnte.[24] Ausgelöst wird das häufig durch eine mangelhafte Wertschätzung und durch die vermeintliche Statusdiskrepanz.
Eine professionelle Berufseinstellung muss neben den eigenen Empfindungen auch noch zusätzlich berücksichtigen, dass polizeiliche Maßnahmen in der Regel den Bürger frustrieren und evtl. auch aggressiv machen können. Wenn Polizeibeamte einschreiten, kommt es schon deshalb zu einem Konflikt, weil der Bürger in seinem Vorhaben gestört, an der Zielerreichung gehindert (frustriert) wird. Bekanntlich führen Frustrationen häufig zu Aggressionen, die sich primär gegen den „Frustrator", hier also den Polizeibeamten, richten. [25] Der erwartet aber gerade Einsicht und Wertschätzung.

Vorschläge

1 Es sollte die Chance ergriffen werden, die große Anzahl polizeilicher Konfliktfälle im Sinne eines idealen Trainings zur

[24] H.Trum. Die Fähigkeit zum Umgang mit eigenen und fremden Aggressionen im Konfliktfall. Polizeinachrichten 5/80

[25] Ingolf Albert. Psychologischer Dienst Hamburg – Polizeiliches Einschreiten als Konfliktlösung und eigene Untersuchungen

Entwicklung professioneller Denkhaltungen auszunützen[26]. Dier hier geforderte „professionellen Distanz" kann man eigentlich von einem erfahrenen Polizeibeamten erwarten. Es ist jedoch nur ein Teil einer Lösung. Damit wird zwar die Wahrnehmung beeinflusst, der Stressauslöser anders interpretiert und damit erheblich abgeschwächt. Hinzukommen muss jedoch eine zusätzliche Verhinderung der geschilderten Aggressionsverschiebung.
2 Affektive Lernziele müssen angestrebt werden und möglichst durch Handlung eingeübt und bekräftigt werden. Der kognitive Ansatz ist vielleicht Voraussetzung, aber allein nicht ausreichend.
3 Eine weitere Möglichkeit sehe ich im Erlernen und systematischen Einüben von Gesprächstechniken im Sinne von T. Gordon (Familienkonferenz/Managerkonferenz). Dies möchte ich an einem Beispiel erläutern:
Ein Verkehrsteilnehmer wird angehalten, dreht die Scheibe herunter und schimpft bevor er angesprochen wird: „Verdammt, habt ihr nichts Besseres zu tun, als Geschäftsleute von wichtigen Terminen abzuhalten?"
Die „normale" Reaktion des Polizeibeamten besteht darin, selber jetzt sauer zu werden oder wahrscheinlicher sublimiert aggressiv die Maßnahmen zu verändern. Könnte er den Satz des Verkehrsteilnehmers als verschlüsselte Botschaft in einem Kommunikationsprozess begreifen, so erlebt er sie nicht als Aggression, sondern als ungeschickte Gesprächseröffnung, als Unmutsäußerung. Seine Erwiderung könnte sein: „Ich merke, dass Sie verärgert darüber sind, jetzt wieder wichtige Zeit zu verlieren." Antwort: „Ja genau." Damit ist der Konflikt entschärft, der Verkehrsteilnehmer fühlt sich verstanden. „Da Sie es eilig haben, lassen Sie mich meine Arbeit schnell erledigen, bitte geben Sie mir . . .". Natürlich müssen solche Gesprächstechniken echt sein, gut geübt und auf viele Bereiche ausgedehnt werden.

2 Belehrungsfehler

Belehrungen führen regelmäßig zu Abwehrreaktionen und werden selten mit dem notwendigen Fingerspitzengefühl durchgeführt. Das

[26] A.a.O - S. 120

zeigt sich deutlich in den eingereichten Beschwerden. Auch hier haben die Betroffenen Kollegen eine völlig andre Wahrnehmung. Der einzelne Beamte muss lernen, dass in einer kommunikativen Begegnung unterschiedliche Standpunkte auch am Ende bestehen können.) Das polizeiliche Einschreiten ist i. d. R. konfliktträchtig. In dieser Situation muss der Beamte in der Lage sein, auch Konfrontationen aushalten, andere Ansichten akzeptieren und verarbeiten zu können. Neben Untersuchungen in NRW kamen schon früh Hornthal und Amelang zu ähnlichen, vergleichbaren Ergebnissen. Sie stellten fest, dass bei Unhöflichkeit häufiger Verwarnungsgelder verhängt wurden. „Die stärkste Variationsquelle war aber der Faktor „Akzeptanz". Übereinstimmend entschlossen sich Polizeibeamte bei uneinsichtigen Bürgern wesentlich häufiger zu einem Verwarnungsgeld. Unhöflichkeit und Uneinsichtigkeit wurden mit höheren Geldbeträgen quittiert.[27]
In der Ausbildung wird dem Beamten vermittelt, dass das Einverständnis des Betroffenen Wirksamkeitsvoraussetzung für eine Verwarnung ist. Solche „Verwaltungsakte auf Unterwerfung“ sind u. a. die Verwarnung mit Verwarnungsgeld. Derjenige, der Anlass zu polizeilichem Einschreiten gibt, wird gemeinhin als Störer bezeichnet. Diese im Unterricht verwandte Terminologie ist vermutlich schon mit ursächlich für die darauf folgenden Belehrungsfehler. Der Beamte glaubt sehr häufig: Die „Unterwerfung" des „Störers" ist Voraussetzung für die Verwarnung. Der verwaltungsrechtliche Begriff der Unterwerfung wird dabei als physische und psychische Unterordnung des Betroffenen interpretiert. Sieht der Bürger den Sachverhalt anders, fehlt es an Einsicht, Akzeptanz und darf nach diesem Verständnis nicht verwarnt werden. Die Verwarnung ist jedoch vielmehr wirksam, wenn

– der Betroffene über sein Weigerungsrecht belehrt wurde,
– mit der Verwarnung einverstanden ist,
– das Verwarnungsgeld zahlt oder einzahlt.

Das bedeutet, belehrt werden muss der Betroffene nur über sein Weigerungsrecht, unterwerfen muss er sich lediglich unter die

---

[27] „Wer nicht höflich ist, muss zahlen“ Psychologie heute 3/78

Zahlungsmodalitäten. Selbst hier darf die freie Entschließung des Betroffenen nicht beeinträchtigt werden. Es erscheint äußerst zweifelhaft, ob darüber hinausgehende Belehrungen mit Vorwürfen eine Verhaltensänderung des Betroffenen erzielen. Wir wissen heute, dass das so nicht funktioniert. Es scheint, als sei die von dem Beamten empfundene Verpflichtung, den Bürger immer und um jeden Preis belehren zu wollen, ursächlich für Eskalation und Beschwerden.
Neben diesem rechtlichen Fehlerbereich gibt es auch eine wichtige pädagogische Fehlerquelle: Wägt man Vor- und Nachteile von weitergehenden Belehrungen ab, so muss man solche tunlichst vermeiden. Vielfältige Abwehrreaktionen und Verärgerung stehen einem nicht nachprüfbaren Nutzen gegenüber. Wird eine Belehrung dennoch für erforderlich gehalten, so muss sie wertfrei, ehrlich und frei von persönlichen Vorwürfen sein. Diese an und für sich selbstverständlich erscheinende Forderung ist aber in der Praxis nur sehr schwer einzuhalten.

1 Wem dies unglaubwürdig erscheint, der möge bitte einmal einen „eigenen Belehrungsvorgang" aufschreiben und genau daraufhin überprüfen, ob tatsächlich kein Vorwurf in den Worten steckt.
2 Fast jede negative Stimmung kommt zusätzlich „zwischen" den Worten zum Ausdruck. Gut gewählte Worte können deshalb nicht verhindern, dass die Sätze dennoch als Vorwurf wahrgenommen werden.
3 Das Gesagte muss harmonisch zur Gestik und zur Mimik passen, sonst wirkt es unecht, unehrlich, falsch oder unpersönlich. Das passiert besonders, wenn die Schädlichkeit des Fehlverhaltens übertrieben wird.

Vorschläge:
Erstens sollten Belehrungen in diesem Sinne unterlassen werden. Zweitens sollten Personalpronomen möglichst vermieden werden. Dies bedarf einiger Übung. Es muss mit eigenem Wortschatz trainiert werden und darf nach Möglichkeit keine auswendig gelernten Teile enthalten.
Hier ein Beispiel: Ein Pkw-Fahrer wird von einer

Funkstreifenwagenbesatzung angehalten. „Guten Tag, mein Name ist Meyer, wir haben Sie angehalten, weil Sie hier auf dieser Straße 70 km/h gefahren sind." Dies ist sicherlich noch eine zahme Form, deutlicher sind: „Warum fahren Sie hier 90?" „Sie können doch in der Stadt nicht 80 fahren!"
Andere Möglichkeit: „Innerhalb des Stadtgebietes ist nur eine Geschwindigkeit von höchstens 50 km/h zulässig."
Sicherlich werden einige einwenden, das sei ihm sicherlich bekannt. Natürlich ist das richtig. Auch muss ich zugeben, dass der Verkehrsteilnehmer nach dem Anhalten erwartet, möglichst schnell von seiner Unsicherheit befreit zu werden. Er will wissen, was ihm zur Last gelegt wird. Deshalb ist die ziemlich sichere Reaktion auf den obigen Satz: „Ja, ja, aber wie schnell bin ich denn gefahren?"

Wenn jetzt folgt: „Wir haben 70 km/h gemessen", besteht kaum die Möglichkeit, das als Vorwurf aufzufassen. Aber gleichzeitig ist noch etwas sehr Wichtiges abgelaufen. Mit der Frage nach dem eigenen Fehlverhalten muss der Verkehrsteilnehmer sich in einem bestimmten Maße auch damit bewusst identifizieren und auseinandersetzen. Die Wahrscheinlichkeit einer Verhaltens-änderung rückt damit erheblich näher, als sie im Gegensatz bei einer vorwerfenden Belehrung mit der üblichen Abwehrreaktion unmöglich gemacht wird.

Eine Übertragung dieses Beispiels als auswendig gelernter Satz auf eine andere Situation oder auf eine beliebige Zahl von Beamten ist so ohne weiteres nicht möglich. Dieses Modell muss genau ausgearbeitet, geübt und individuell angewendet und kultiviert werden.

3. Festlegung eigener innerer Werte

Durch die Ausbildung werden Normen vermittelt und andere aus polizeilichen oder rechtlichen Aspekten korrigiert. Ein großer Teil der den Gesetzen innewohnenden Normen und Werten wird Bestandteil der eigenen Moral und Wertvorstellung. Es findet weitgehend eine sachliche Identifikation mit Gesetzesinhalten statt. Leider werden aber auch sachfremde Identifikationen begünstigt oder automatisch mit vermittelt, die dazu führen, dass Normbrüche als Angriffe auf die Persönlichkeit und Integrität des Polizeibeamten erfahren werden. An einem einfachen Beispiel will ich dies näher erklären: Jeder weiß, dass die Höchstgeschwindigkeit in geschlossenen Ortschaften per Gesetz auf 50 km/h festgelegt wurde. Damit kann der Kollege aber nicht arbeiten. Die Einräumung von verschiedenen Maßtoleranzen relativiert diese Gesetzesnorm. Darüber hinaus ist für geringe Überschreitungen eine Verwarnung und erst für höhere eine Anzeige vorgesehen. Berücksichtigt man jetzt noch, dass nicht jede Örtlichkeit die gleiche Vorwerfbarkeit beinhaltet, und das eigene Geschwindigkeitsverhalten des Kollegen privat und im Dienst, so wird klar, dass die gesetzliche Norm individuell interpretiert werden muss. Im Ergebnis sieht das so aus, dass ein Beamter schon einschreitet, wenn er jemanden mit 60 km/h fahren sieht, der andere Kollege dabei noch völlig unbeteiligt und desinteressiert ist. Er würde vielleicht erst bei 70 km/h einschreiten. Ich will, hier nicht eine noch rigidere Vorgehensweise fordern, sondern auf einen meist unbeachteten Nebenaspekt aufmerksam machen, der viel schlimmere Folgen mit sich bringt, als viele glauben.

Was geht in einem Beamten vor, der sich entschließt, jetzt diesen Verkehrsteilnehmer anzuhalten?

Er sieht seine eigene, selbst interpretierte Grenze verletzt. „Das ist aber zu schnell, den halten wir an!" Das ist schneller, als <u>er</u> an dieser Stelle toleriert. Verletzungen solcher eigenen Vorstellungen führen immer zu negativen Gefühlen, Verärgerung und ähnlichem. Diese negative Grundstimmung wird umso größer sein, je „schlimmer" die Norm missachtet wurde. Die Reaktion ist bei 70 km/h sicherlich geringer, als bei 120 km/h. Das ist alles normal und kaum zu verhindern. Aber es muss klar sein, dass grundsätzlich eine negative – vorwerfbare – Grundstimmung erzeugt wurde. Diese wird unweigerlich im kommunikativen Prozess zum Ausdruck kommen. Selbst wenn der Kollege jetzt die neue Formel benutzt, wird der Verkehrsteilnehmer die persönliche Verärgerung aus der Sprache heraushören. Das können alle Menschen unabhängig von ihren sonstigen Fähigkeiten. Die Worte sind nämlich nur der kleinere Teil der verschiedenen Informationsträger. Mimik, Gestik und die Betonung des Gesagten übermitteln mehr und echter. Ihnen wird schneller geglaubt. Für den Verkehrsteilnehmer ist die Situation sowieso schon negativ, sie wird jetzt zusätzlich negativer verstärkt und verschlimmert. Er wird jetzt noch schlechter gestimmt und jetzt durch unsachliche persönliche Fehler angegangen. Das hat natürlich auf das Erleben der Gesamtsituation einen nicht zu unterschätzenden schlechten Einfluss. Eine Einsicht und eine verstandesgesteuerte Verhaltensänderung wird damit noch in weitere Feme gerückt. Die negative Kette ist hier noch nicht zu Ende. Auch der Polizeibeamte wird die unangenehmen Folgen auf Dauer registrieren und mindestens gefühlsmäßig wahrnehmen. Ein solcher Dienst kann keinen Spaß machen oder Zufriedenheit erzeugen. Abwehrreaktionen, die Bildung von Vorurteilen und psychosomatischen Problemen sind die Folge. Ähnliche Möglichkeiten bestehen auch bei anderen Normen. Auch hierbei sind die Folgen persönliche Missstimmung, wo nüchternes und sachliches Konstatieren angebracht wäre. Die danach einsetzende negative Handlungskette muss so früh wie möglich unterbunden werden.

Vorschlag:
Es gibt einen simplen Trick. Wenn beide Kollegen um diese Vorgänge wissen, muss immer der einschreiten, der am Entschluss unbeteiligt ist. Er hat wesentlich bessere Voraussetzungen für die Sachlichkeit. Seine Norm wurde nicht verletzt.

Eine zweite Möglichkeit sehe ich darin, dass sich diese inneren Abläufe genauestens klargemacht werden, zu beobachten, sich vor dem Einschreiten durch wortloses Selbstgespräch zu erinnern und auch zu konditionieren. Den Abschluss müsste nachher ein Austausch mit dem anderen Kollegen bilden. Ich denke, damit könnte die Fehlerquelle ausgemerzt oder zumindest wesentlich vermindert werden.

Solange die sprachliche Konfliktbewältigung als weiche Welle oder als sinnlose Plauderei abqualifiziert wird, besteht keine Chance, aggressive Formen der Konfliktbewältigung oder unpersönliche (auswendig gelernte, maschinenförmige) Gesprächsführung an die Stelle der Möglichkeiten zu rücken. Polizeibeamte müssen lernen, auch um sich selbst zu schützen, dass ihre Konfliktpartner nicht aus juristischen Überlegungen handeln, häufig nämlich sind Gefühle wie Ärger, Wut, Angst, Unsicherheit, Ablehnung usw. handlungsbestimmend. Sonst sucht der Verkehrsteilnehmer die Schuld an diesem Dilemma beim einschreitenden Beamten. „Der war unfreundlich!" „Die sind wie immer aggressiv."

Es ist klar, vom Ordnungshüter wird die Qualität der Gefühle des Verkehrsteilnehmers stark beeinflusst, er ist ihnen keineswegs hilflos ausgeliefert. Er verursacht oder modifiziert sie. Die polizeiliche Ausbildung müsste den jungen Kollegen die Fähigkeiten vermitteln, mit solchen verständlichen negativen Reaktionen der Bürger konstruktiv umzugehen, solche Konflikte abzubauen. Unverantwortlich erscheint es mir, den jungen Beamten mit diesen Problemen allein zu lassen und es dem Zufall oder dem persönlichen Geschick des einzelnen zu überlassen. Ziel muss es sein, ähnlich wie der Berufsfernfahrer, eine „professionelle Distanz" zu erreichen.

Für all die angesprochenen Probleme gibt es noch eine weitere Lösung, die sehr umfangreiche Folgen haben würde. Es ist die Einnahme einer gewaltfreien Haltung. Sie beginnt damit, dass der Satz, der in einigen Curricula vorkommt, mit *tatsächlichem* Leben gefüllt wird.

> „Wenn überhaupt notwendig, dann nur die Tat ablehnen, aber nicht den Täter."

Das ist absolut richtig, hört sich einfach an, ist aber nur über sehr lange Zeit und mit vielen kleinen Schritten und auch nur diszipliniert zu erlangen. Lohnen wird es sich allemal. Die gesamte Lebenseinstellung wird sich dadurch verändern und die Wirksamkeit und Akzeptierbarkeit des eigenen Verhaltens wird sich sehr stark verbessern.

Beginnen wir damit, diese gewaltfreiere Haltung einzunehmen. Machen wir uns beispielsweise klar, dass ein handelnder Mensch in diesem aktuellen Moment genau das tut, was er kann und was seinen aktuellen Bedürfnissen entspricht. Das ist immer so. Er handelt also richtig! Möglicherweise ist dieses für ihn richtige Verhalten für andere, für die Gesellschaft störend und nicht akzeptabel. Das sollten wir dann auch nur so empfinden, vertreten, sagen und bearbeiten. Der erste Schritt besteht also darin, immer und immer wieder sich selbst in der Situation zu sagen: *„Für dich scheint das richtig zu sein. Du wirst gute Gründe für dein Verhalten haben“.* Es ist erfahrungsgemäß einfacher im privaten Bereich z.B. bei den eigenen Kindern, anzufangen und erst zu einem späteren Zeitpunkt z.B. bei einer Vernehmung. Wir sollten also z.B. nicht die Sätze benutzen: *„Sie fahren zu schnell. Du bist schlecht. Du bist falsch. Das darfst du nicht. Du bist nicht ok. Du musst anders sein.“*

Ausdruck einer **gewaltfreien Haltung**[28] sind beispielsweise Gedanken und dazu passende Sätze wie: *„Du hast gute Gründe, dich so zu verhalten, wie du es gerade tust. Für dich scheint das richtig zu sein. Das löst aber bei mir folgende Probleme aus …“, „Das ist für unsere Gemeinschaft nicht akzeptabel …“, „Das geht aus folgenden Gründen nicht …“* usw. Die Sätze selbst sind es nicht, die die Wirkung auslösen, es wirkt die Haltung, die dann friedfertige Gedanken und konstruktive Gefühle verursacht wie:

Du bist ok, dein Verhalten aber nicht!

Es ist verständlich, wenn Sie jetzt trotzdem weiter über Extreme nachdenken und meinen: *„Manchmal muss Strafe doch sein.“* Es ist durchaus richtig, dass manchmal die Möglichkeit für solche gewaltfreie Kommunikation zeitlich und auch tatsächlich nicht mehr besteht und konkretes Handeln sofort gefragt ist. Das gilt zum Beispiel in Polizeieinsätzen. Mit der angesprochenen inneren Haltung kann aber nach diesen „Nothandlungen“ trotzdem immer noch konstruktiv weiter kommuniziert werden.

---

[28] M. Rosenberg, *Gewaltfreie Kommunikation* (verschiedene Bücher)

Der größte Teil unserer gesellschaftlichen Gewaltprobleme könnte tatsächlich allein mit einer anderen Haltung und mit einer anderen Sprache beseitigt werden. Ein Mensch, der irgendwann glaubt, dass er wirklich nicht richtig ist, weil er es ständig hört, wird sich nicht ändern, sondern sich zurückziehen, verlogene Rollen spielen, um Zuneigung buhlen, destruktiv, egoistisch und irgendwann gewalttätig und rücksichtlos werden und möglicherweise darüber nachdenken, Rache zu nehmen, andere zu dominieren, sie für seine egoistischen Zwecke ausnutzen und ihnen Gewalt antun. Er wird mindestens so handeln, wie er behandelt worden ist. Mit anderen Worten: Gewalt bringt neue Gewalt hervor. Aggressionen und Verletzungen warten auf Rache. Es entsteht ein gesellschaftsschädlicher Teufelskreis, den wir täglich beobachten können. Es gäbe hier viel zu tun. Unnötige Gewalt und Aggression könnten unterlassen und verhindert werden. Wenn die Polizei damit anfangen würde, wäre das ein sehr großes und schönes Vorbild.

Sie werden erstaunt sein, was sich alles mit dieser Haltung ändert. Alle Beziehungen, in denen sie stehen, werden an Qualität zunehmen. Konflikte und Probleme werden seltener[29]. Selbst Vernehmungen bekommen sofort eine andere Qualität. Sie werden ein Vielfaches vom zu Vernehmenden erfahren, wenn er spürt, dass er selbst nicht abgelehnt wird. Das ist völlig anders als bei einem aggressiven vorwerfenden Ton. Der macht zu, schreit nach Verteidigung, Lüge und Rache. Die in TV-Sendungen gezeigten Vernehmungen sind dafür ein abstoßendes Beispiel.

[29] Geschildert in einem Taschenbuch: „Anna dreht sich nicht um“, BoD

Übung und Training reaktiver Handlungskompetenz

Mit den Grundvoraussetzungen für eine professionelle Aus- und Fortbildung in Eingriffstechniken, Selbstverteidigung, Schieß- bzw. Nichtschießausbildung, einsatzbezogene Kommunikation, praxisorientierte Polizeidienstkunde und entsprechende Verhaltenstrainings befasst sich dieser Beitrag. Es geht darum, Reaktionszeiten und die Qualität zu optimieren. Dazu kann man das Feld polizeilicher Tätigkeiten in zwei Gebiete aufteilen:

- Ad hoc-Situationen, bei denen äußere Bedingungen und Reize eine polizeiliche Reaktion auslösen, z.B. Einsturzgefahr eines Gebäudes, Notrufe, Hilfeersuchen oder Angriffe usw.
- Fälle, in denen die Polizei den ersten Schritt unternimmt, z.B. Anhalten und Ansprechen von Verkehrsteilnehmern

In Fällen der ersten Gruppe wird von dem Polizeibeamten eine sofortige Entscheidung und Reaktion erwartet. Meist ist nicht genügend Zeit vorhanden, das Für und Wider der verschiedenen Maßnahmen abzuwägen, aus den verschiedenen Möglichkeiten die beste herauszusuchen und diese dann wohlüberlegt vorbereitet in die Tat umzusetzen.

Das scheint beim ersten Hinsehen für die zweite Gruppe nicht so zu gelten. Berücksichtigt man aber, dass die Polizei hier meist ein festes Ziel verfolgt, so müssen die <u>Reaktionen</u> der anderen Seite mit berücksichtigt werden. Es entsteht ein Interaktionsvorgang, eine Interaktionskette, die auch nicht so ohne Weiteres in Ruhe überlegt werden kann. Auch hier wird nach der ersten Reaktion von dem Polizeibeamten schnelles, angepasstes und polizeilich sinnvolles Verhalten erwartet, selbst dann noch, wenn die Kommunikation in Handgreiflichkeiten übergeht Bezogen auf die Schnelligkeit der geforderten Reaktion besteht also eine große Ähnlichkeit. So kann man etwas vereinfachend sagen, dass ein Großteil polizeilicher Arbeit darin besteht, richtig und auch schnell zu reagieren. Rechtzeitiges, sinnvolles und angepasstes Reagieren als Ausbildungsziel angestrebt, erfordert die Berücksichtigung einer Vielzahl zusätzlicher Faktoren, die häufig nicht bekannt sind. *Wissen allein reicht aber nicht aus*. Die damit verbundenen Probleme betreffen alle Aus- und Fortbildungsbereiche. Das trifft in besonderem Maße für den PDK-Unterricht, für die Selbstverteidigung und entsprechende Eingriffstechniken, für eine Nichtschießausbildung und für entsprechende einsatzbezogene Kommunikation zu. Bisher ging man überwiegend davon aus, dass Unterricht, Vortrag und ein ausführliches Üben und Trainieren bestimmter Handlungen ausreichend sein müssten, entsprechende Handlungskompetenz für den Alltag herzustellen. So einfach ist es aber nicht. Besonders sekundäre Ziele, wie Sicherheit, Bürgernähe, Deeskalation usw. werden so nicht automatisch erreicht. Dazu muss mehr eingeplant werden.

Widersprechende oder behindernde Einstellungen und Motive

In der Selbstverteidigung und in der Schießausbildung werden bis heute großer Wert darauf gelegt, bestimmte Handlungsfertigkeiten zu üben. Mit fortschreitender Übungsdauer wächst die Hoffnung, dass der junge Kollege demnächst im Einzeldienst nach diesen vorgefertigten Mustern reagieren wird. Diese überwiegend motorischen Teile führen bei ausreichendem Training auch zu einer gewissen Handlungsfertigkeit, aber nicht zur Handlungssicherheit. Nehmen wir z.B. die Selbstverteidigung: In der moderneren Ausbildung wird eine einfache gefahrlose Methode gelehrt, eine Person in einen Streifenwagen zu bekommen. Dabei wird besonderer Wert auf eine entsprechende Kommunikation und genaue Beachtung des Einsatzes geringster Mittel gelegt. Das Übungsziel ist erst dann erreicht, wenn **jeder** Teilnehmer diesen Trainingsteil beispielhaft vormachen und handhaben kann. Der Kollege beherrscht diesen speziellen Teil im Rahmen der vorgegebenen Übungssituation. Bisher ist allerdings wenig darüber nachgedacht worden, ob er sie auch im Alltag einsetzen wird. Zu einer motorischen und praktischen Handlungsfähigkeit gehören nämlich noch weitere wichtige zusätzliche Faktoren

Ein Kollege, der solche Technik nun beherrscht, muss sie noch lange nicht im Alltag einsetzen. Es ist zusätzlich ein deseskalierendes Motiv, gegebenenfalls auch eine bestimmte Einstellung und Haltung erforderlich, diese motorische praktische Fertigkeit auch in die Tat umzusetzen. Widerspricht die vergleichsweise "humanere" Vorgehensweise seiner Einstellung, dem Selbstwertsystem oder dem eigenen Rollenverständnis, so kann damit der Ausbildungsvorgang als weitestgehend unwirksam betrachtet werden. So kann es zu dem seltsamen Phänomen kommen, dass ein Kollege gute Zensuren in diesem Bereich bekommt, den Inhalt aber ablehnt und nicht umsetzen wird, weil er rigideres Vorgehen bevorzugt. Das gleiche kann auch schon passieren, wenn der Neue in eine bestehende Gruppe kommt, die das Alles ganz anders sieht.

Man kann so wie so nicht als gegeben voraussetzen, dass jeder Beamte die richtige Motivation und die passende Einstellung hat, die anspruchsvollen Ziele der Polizei zu verfolgen. Es ist dabei völlig normal, wenn er zunächst einmal seine eigenen in den Mittelpunkt stellt. Setzt die erfolgreiche Umsetzung in die Alltagspraxis auch noch einen gehörigen *langfristigen* Übungsbedarf voraus, so ist es sehr fraglich, ob dafür die Motivation auch langfristig noch ausreichen wird. Noch Zweifelhafter wird es, wenn ein unangenehmes Betriebsklima, mangelnde Wertschätzung und mechanistische Führungsverhalten hinzukommt. Dann ist die Reduktion von Arbeitsleid zunächst ein wichtiges eigenes Ziel. Sekundärziele, wie die Verbesserung des Verhältnisses Polizei - Bürger oder der Vermeidung hässlicher Gewalt nach außen, treten in der Bedeutung weit zurück. Ein fordernde und fördernde Polizeikultur und eine akzeptierbare Arbeitszufriedenheit sind so gesehen wichtige Voraussetzungen.

Viele Ausbilder wissen um diese Zusammenhänge oder empfinden zumindest auch die Behinderungen. Einige versuchen durch Appelle, Mahnungen, Befehle oder Verschärfung der Bewertungskriterien die Ausbildungssituation zu verbessern. Derartiges Vorgehen verspricht jedoch keinen Erfolg. Die Einstellungen haben für den Menschen nämlich eine sehr wichtige Überlebens-Funktion, die so ohne weiteres nicht geändert werden können.

1. Sie strukturieren und vereinfachen das sehr verwirrende Umwelt- und Wahrnehmungsmaterial. Die Sinnesorgane liefern sekündlich mehrere Millionen Bits-Informationen. Unser Gehirn kann jedoch nur ca. 7 bewusst verarbeiten. Würde jeder Reiz gleichmäßig nacheinander beurteilt, so könnte der Mensch auf Gefahrsignale erst nach Minuten reagieren. Dann wären wir lange ausgestorben. Um überleben zu können, müssen deshalb ein stark vereinfachtes System benutzen. Wir fassen zusammen, wir bilden Reizgruppen, Kategorien; Werte und Einstellungen. Notfalls blenden wir aus und ignorieren vermeintlich Unwichtigeres. Gefühle (wie Angst usw.) und bewusste Aufmerksamkeit schränken weiter ein, ermöglichen aber ein gefühlsmäßiges blitzschnelles Reagieren. Wenn wir Glück haben, ist es richtig. Unser rationelles Gehirn ist dabei ziemlich unbeteiligt. Erfreulicherweise sind wir darin sehr gut. Nahezu alle Schnellreaktionen sind zwar emotional, aber richtig. Leider trifft das nicht auf alle zu. Soll ein Polizeibeamter nämlich professionell anders reagieren, haben wir, wie wir noch sehen werden, ein größeres Problem.

Diese überlebenswichtige Funktion der Einstellungen machen klar, dass diese nicht so leicht zu verändern sein werden. Das wäre viel zu gefährlich. Der Mensch betreibt einen erheblichen Aufwand, aufgebaute Einstellungen und Haltungen beizubehalten d.h. er unternimmt alles was in seiner Macht steht, um einmal vorhandene Einstellungen nicht wieder zu verändern.

a) Er verändert seine Wahrnehmung selektiv (Inhalte, Personen und Objekte, die der Einstellung zuwider laufen, werden gemieden)
b) Nicht vermeidbare negative Wahrnehmungen werden verzerrt oder solange umgedeutet, bis sie wieder in das Schema passen

c) Unangenehme Informationen werden nicht zur Kenntnis genommen (d.h. sie werden vom Bewusstsein nicht akzeptiert und nicht wahrgenommen)
d) Durch nachträgliche Scheinbegründungen wird die Wirksamkeit von Änderungsbedürfnissen entschärft (Rationalisierung)
e) Anderen Personen können auch negative Absichten unterstellt werden, um eigene Einsicht in diese Zusammenhänge zu vermeiden (Projektion)

Da wird klar, wie wenig Wert- und Einstellungsdiskussionen ausrichten können. Sie verschlimmern in der Regel nur die Situation und erhöhen den Widerstand. Andererseits bedeutete die Tatsache, dass jeder Mensch Einstellungen bildet, auch, dass sie unter bestimmten Bedingungen veränderbar sein werden. Ein solches Vorhaben setzt jedoch Fehlerlosigkeit und das genaue Einhalten bestimmter Regeln voraus.

An der kurzen Zusammenstellung kann man ersehen, welchen Erfolg es haben wird, **Appelle, Drohungen oder Befehle** an den Adressaten zu senden. Alles was in der Macht des Individuums liegt wird benutzt, um gerade das zu verhindern. Das bedeutet, dass Einstellungen so nicht angepasst und verändert werden können
Die *beste* Möglichkeit besteht natürlicherweise darin, dass der Betroffene seine Einstellung selbst ändern will Das ist allerdings sehr selten und wie schon dargestellt, mit großen Schwierigkeiten versehen
Eine *zweite* Möglichkeit besteht darin, durch vorbildliches Verhalten als Modell diese neue Einstellung regelmäßig und konsequent vorzuleben. Dieses Vorbildmodell kann durchaus so wirksam und durchschlagkräftig sein, dass bei mehreren Personen langsam aber sicher eine Einstellungsmodifizierung stattfindet, wenn es in der herrschenden Kultur erfolgreich ist. Die Bedeutung eines solchen erfolgreichen Vorbildes von Vorgesetzten und Ausbildern kann deshalb nicht genug geschätzt werden. Das ist sicherlich oft genug beschrieben wie

eben sooft nicht beachtet worden.
Die *dritte* Möglichkeit, Einstellungen zu verändern und anzupassen, besteht darin, in der Übung und im Training selbst bestimmte Handlungsabläufe einzuüben, die erfolgreich sind und eine Auseinandersetzung mit den Inhalten auf der Einstellungsebene bedingen. Man kann durchaus als Nebenprodukt eines Trainings auch Einstellungen vorsichtig, aber kontinuierlich modifizieren. Beachtet man die Grundsätze für gute Gruppenarbeit in der Erwachsenenbildung, so wird als *vierter* Faktor die Gruppe selbst einen erheblichen angleichenden Einfluss auf das Individuum ausüben. Gerade der letztgenannte Faktor hat eine enorme sozialisierende Macht auf den einzelnen Trainierenden, leider auch in eine schädliche Richtung. Jeder missionarische Eifer der Ausbilder und andere Fehler bewirken dagegen eher das Gegenteil und sollten deshalb genau kontrollierend unterlassen werden. Als *Fünftes* bleibt nochmal deutlich zu wiederholen, eine förderliche Kultur, ein gutes Klima und eine solide Arbeitszufriedenheit müssen hinzu kommen.

Daraus ergeben sich für eine Behörde, für ein Training konkrete methodische Bedingungen, die ebenso wie bestimmte Verhaltensweisen der Trainer unbedingt beachtet werden sollten. Damit nicht ist es noch immer nicht genug:

Ein Kollege, der die motorische Fähigkeit hat und das **richtige Motiv** und die richti**ge Einstellung** mitbringt, kann dann immer noch nicht situationsangepasst schnell und automatisch reagieren.

Stellen wir uns einen langjährig geschulten Ausbilder der Selbstverteidigung vor, der die richtige Einstellung und auch eine gute Motivation, die Dinge in die Praxis umzusetzen, mitbringt. Bei einem plötzlichen Angriff wird er unter Umständen ebenso überrascht, z.B. ein blaues Auge davontragen, wie derjenige, der völlig untrainiert ist. Es ist nämlich eine andere Situation, auf der Judomatte eine Handlung zu trainieren und auf der anderen Seite im Alltag urplötzlich vor eine bestimmte Situation gestellt zu sein.

Viele Dinge sind im Alltagshandeln völlig anders. Allein die Emotionslage des angegriffenen oder geforderten Kollegen unterscheidet sich erheblich von der Situation auf der Judomatte. Nicht viel anders ist es bei der Schießausbildung. Der Kollege kann die einzelnen Übungen so oft trainiert haben, wie es nur denkbar ist. In einer entsprechenden Situation können die Bedingungen trotzdem völlig anders sein, und der Handlungsablauf sich wesentlich von dem unterscheiden, was zuvor trainiert wurde. In einigen Bereichen wird darüber hinaus noch nicht einmal trainiert. Beispielsweise im Polizeidienstkundeunterricht und bei kommunikativen Inhalten bleibt das Angebot meist im Kognitiven, im Wissensbereich, stecken. D.h. es werden bestimmte Inhalte in der Hoffnung unterrichtet, dass der Kollege sie schon umsetzen wird. Natürlich ist es unstrittig, dass ein entsprechendes Üben und Trainieren eine erheblich höhere Handlungskompetenz und Handlungssicherheit erzeugt. Trotzdem muss vor dem Aberglauben gewarnt werden, dass das allein genügen könne. Es sind drei Bereiche zusätzlich zu dem reinen Wissensgebiet zu berücksichtigen:

Motivation und Einstellung	Motorische Handlungsfähigkeit, Affektive Handlungsfähigkeit	Reaktionsfähigkeit durch Erhaltung der Leistungsfähigkeit und Reduzierung der Reaktionszeiten

Es kann natürlich richtig und sinnvoll sein, sich auf einen dieser drei Bereiche schwerpunktmäßig zu konzentrieren. Das ausschließliche Anbieten von unterrichtlichen Inhalten und das ausschließliche '1raktische Üben allein kann aber nicht genügen. Nur die Berücksichtigung aller Bereiche beim Üben und Trainieren kann gewährleisten, dass in der Praxis tatsächlich richtig und schnell reagiert werden kann.

Training von motorischen und praktischen Handlungsfähigkeiten, mit dem Ziel, affektive Handlungskompetenz und kurze

Reaktionszeiten zu erreichen
In diesem Bereich ist zunächst ein relativ großer Unterschied zu machen. Auf der einen Seite haben wir kognitive Ziele vor uns (Wissen, Erkennen, Beurteilen), auf der anderen Seite den Herstellungswunsch von affektiven Handlungsfähigkeiten, von kongruenter Handlungskompetenz

In der Erwachsenenbildung ist es aber so, dass Lernen in der Regel Umlernen bedeutet. Es geht also nicht darum, etwas hinzuzulernen, sondern Vorhandenes zu verändern. Auch hier muss man genau unterscheiden. Handelt es sich bei dem Angestrebten um zusätzliches Wissen, das nicht mit vorhandenen Einstellungen, Werten und Bedürfnissen direkt kollidiert, so ist der günstigste Fall umschrieben. Trotzdem muss der neue Inhalt mit vorhandenem Erfahrungs- und Einstellungsinventar abgeglichen und harmonisch integriert werden. Widersprüche müssen, wenn auch in längerer Zeit, aufgelöst werden. Das gilt auch für die Konfrontation des Lernenden mit diesen hier diskutierten „weichen“ Inhalten. Es ist durchaus normal, dass „Gedanken auszusprechen“ und immer wieder Absprachen zu treffen, diszipliniert zu sein, einige verwundert und keine Begeisterung auslöst. Wird es geübt, ist es schnell bekannt und wird redundant, das heißt, dass Gehirn „winkt ab“. *Kenne ich doch schon!* Die Wirkung tritt nur ein, wenn einfach weitergemacht wird, bis es gewohnt ist.

Diese Veränderung ist, am Anfang in Kurzform dargestellt, mit einer Identitätskrise zu vergleichen. Das bedeutet, dass dieser Lernschritt in irgendeiner Weise immer mit unangenehmen Gefühlen, mit Unsicherheit und Angst verbunden sein wird. Bleibt das Lernangebot wie üblich und beschrieben im kognitiven, verstandesmäßigen Bereich stecken, so ist es für das Individuum unverbindlicher und verursacht weniger Probleme. Es setzt sich allerdings auch nicht in die Praxis um. In verschiedenen Untersuchungen konnten wir nachweisen, dass alle hier vorgeschlagenen Vorbereitungen

die Reaktionszeiten und die Arbeitsqualität erheblich verbesser können, vorausgesetzt sie werden auch tatsächlich eingesetzt. Wissen allein reicht absolut nicht.

Um ein Vielfaches schmerzlicher oder aussichtsloser ist ein solcher Vorgang, wenn entgegenstehende oder behindernde Einstellungen überwunden werden müssten. Sollten die beschriebenen Schwierigkeiten überwunden sein, weiß der Lernende etwas, aber er kann es noch lange nicht. Der Lernvorgang ist genaugenommen erst abgeschlossen, wenn eine Verhaltensänderung eintritt - und sei sie auch noch so klein.

Erst wenn der Lernende beginnt zu üben und zu trainieren, besteht auf der einen Seite die Möglichkeit, die neuen Inhalte in Handlungskompetenz umzuändern, aber auf der anderen Seite treten die geschilderten unangenehmen Begleiterscheinungen in verstärkter Form erneut auf. Da das Endprodukt eine Verhaltensänderung darstellen soll, muss dieses neue Verhalten ausprobiert, geübt und gegebenenfalls verbessert werden. Der alte Zustand war von Sicherheit und Gewohnheit gekennzeichnet, er war bekannt und bezüglich seiner Wirkung auf andere einschätzbar. Nun soll Neues ausprobiert werden. Wie werden andere meine noch ungeschickten Versuche bewerten? Halten sie mich für ungeschickt, für unfähig? Wie lange wird es dauern, bis ich akzeptable Leistung bringe? Solche und ähnliche Fragen bzw. solche damit verbundenen Unsicherheits- und Angstgefühle treten auf. Wenn ich die Wahl habe zwischen beiden Zuständen - alt und sicher - neu und angstbelegt - werde ich vermutlich das Alte weiterhin benutzen und Neues vermeiden. Mein Verstand wird mir helfen, für die Vermeidung und Ablehnung gute Gründe zu finden

Es ist deshalb von außergewöhnlicher Bedeutung, dass bei solchen Übungen und Trainings ein **angst- und blamagefreies Lernklima** geschaffen wird. Das ist im üblichen Unterricht nicht möglich. Eine Gruppenstärke von mehr als zehn Personen ist ebenfalls ungeeignet. Zusätzlich müssen bei solchen Trainingsinhalten wegen der Angst- und Blamagefreiheit, fragliche Bewertungs- und Zensierungsabsichten außen vorbleiben. Der Lernende muss in aller Ruhe ohne psychischen Druck die neuen Inhalte solange ausprobieren können, bis er sie beherrscht, ohne sich blamieren oder in Frage stellen zu müssen

Dieser Vorgang ist sicherlich sehr weit vom üblichen Ausbildungs- und Weiterbildungsvorgang entfernt. Aber erst dann, wenn diese Schritte eingeleitet sind, ist mit einer **durchschlagkräftigen Verbindung von Theorie und Praxis** zu rechnen. Ein Training von Handlungskompetenz im Aus- und Fortbildungsbereich setzt diese Dinge **unabdingbar** voraus. Vorträge vor einer größeren Gruppe, Unterricht vor Klassen mit 25-30 Personen, die Lehrwache als „Schleuderstuhl", sind eher abschreckende Beispiele als sinnvolle Vorhaben. Auch wenn man dem affektiven Trainingsbereich näherkommt, mit Gruppen unter 10 Personen, mit gruppendynamischem angst- und blamagefreiem Klima, ist nicht automatisch sichergestellt, dass ein Trainingserfolg hinsichtlich des Zieles eintritt. Es müssen zusätzlich Grundprinzipien des Feedbacks, wie der Annahme und der Gruppensteuerung von den Trainern und Übungsleitern, beherrscht werden.

Aus der Sicht des hier diskutierten Zieles ist es nicht möglich, sich auf eine fachliche Insel zurückzuziehen, in der Absicht, in alter Art und Weise Frontalunterricht zu leisten. Das geht nur, wenn man Wissen vermitteln will. Möchte man Handlungskompetenz und adäquate Reaktionsweisen im Alltagshandeln der Polizei, sollte man diese Dinge zu Gunsten von Trainings erheblich reduzieren.

3. Reaktionsfähigkeit

Die Fähigkeit, schnell und sicher reagieren zu können, schließt den Kreis von professioneller Handlungsfähigkeit. Erst wenn das zusätzlich gewährleistet werden kann, kann von professioneller Handlungskompetenz gesprochen werden. In verschiedenen Untersuchungen konnten wir nachweisen, dass alle hier vorgeschlagenen Vorbereitungen die Reaktionszeiten erheblich verbessern können. Um diesen Bereich näher zu beleuchten, möchte ich auf das Ausgangsbeispiel zurückkommen. Ein Polizeibeamter, der urplötzlich angegriffen wird, muss, um jetzt sicher, schnell und richtig reagieren zu können, mehrere Schritte im entsprechenden Lernprozess durchlaufen haben. Trainingsinhalte, die Reaktionszeit zu verbessern sind:

a) entsprechendes Wissen
b) Handlungssicherheit bezüglich der Abwehrtechniken
c) zusätzliche Stress und Emotionen managende Trainingsteile, um Leistungen auch in "gehobenen" Situationen zu gewährleisten
d) Trainingsinhalte, die Reaktionszeit zu verbessern.

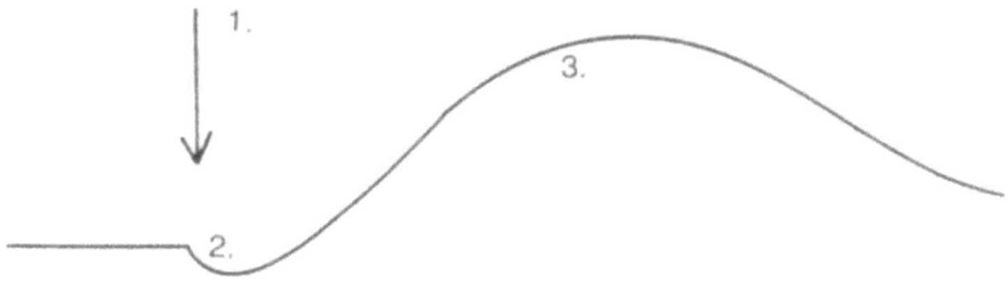

4. Welche Inhalte müssen in entsprechenden Trainings berücksichtigt werden?

Hierzu eine Skizze:

In der obigen Zeichnung beginnt der Kollege mit einer normalen Emotionshöhe. Im zeitlichen Verlauf wird diese Emotionshöhe durch den Reiz (1. - Angriff) unterbrochen

Entgegen landläufiger Meinung setzt jetzt nicht eine sofortige Erregungserhöhung ein, sondern zunächst eine Art "Beruhigung". Diese, in der Skizze als kleines Tal gekennzeichnete Schockphase, führt zu einer Art Bewegungsstarre. Der Kollege ist in dieser Zeit nicht in der Lage zu reagieren. Alle muskulären Reaktionen sind zunächst ausgeschaltet. Die Länge dieser vagotonen Schockphase wird von der subjektiven Reizqualität bestimmt. Sie kann 0,6 bis über 20 Sekunden betragen. Eine Aus- und Weiterbildung muss Wert darauf legen, diese Reaktionszeiten möglichst zu verringern.

Nach Ablauf dieser Phase findet die schon vermutete Erregungserhöhung statt. Je höher die emotionale Erregung jedoch steigt, um so weniger ist der Mensch in der Lage, Aufgaben zu bewältigen. Die Erledigung schwieriger Aufgaben wird sogar bei entsprechender Emotionshöhe unmöglich gemacht. Leider sind viele Einzeldiensttätigkeiten aus diskutierter Sicht als schwierig einzustufen. Eine gute Reaktionsfähigkeit erfordert:

Herstellung einer professionellen Reizauswertung
Reduzierung der Schockphase
Erhaltung der Leistungsfähigkeit bei emotionaler Anspannung

5. Professionelle Reizauswertung

Man kann einen Reiz hinsichtlich seiner objektiven Bedeutung aber auch hinsichtlich seiner subjektiven Reizqualität beurteilen

Für den reagierenden Beamten ist die subjektive Seite allein ausschlaggebend. Die subjektive Reizqualität setzt sich zusammen aus:

1. Objektive Gefährlichkeit des Reizes
2. Individuelle Erfahrung/Konditionierung
3. Momentane Gestimmtheit (Erlebnis vor der Situation, .Umgebungseinflüsse)
4. Neuheit des Reizes für das Gehirn
5. Angeborene Dispositionen für Ängstlichkeit

Die subjektive Reizqualität setzt sich aus diesen fünf Faktoren zusammen. Sie müssen einzeln betrachtet und gegebenenfalls mit verschiedenen Methoden trainiert und angegangen werden. Ein Training sollte nach Möglichkeit alle Bereiche positiv beeinflussen

6. Vagotone Schockphase

Die hier gemeinte Reaktionszeit von 0,6 bis ca. 20 Sekunden wird zunächst von der Reizqualität und den dahinterliegenden Faktoren beeinflusst. Insbesondere im Anblick des Todes tritt eine länger anhaltende Bewegungsstarre ein, die im Einzelfall auch 20

Sekunden erreichen kann und zwar unabhängig davon, ob die vermuteten schweren Folgen auch tatsächlich eintreten.
Ein Pkw-Fahrer, der in ein Flammenmeer hineinfahren muss, das sich direkt vor ihn durch eine Explosion ausbreitet (Tanklastzug), muss damit rechnen, bis zu 20 Sekunden ohne eine adäquate Reaktion zu bleiben.

Die Blendgranate hat die gleiche Funktion. Sie ist ungefährlich, blendet extrem stark und gibt ein sehr lautes Geräusch von sich. Obwohl dadurch nichts Wesentliches passiert, wird dieser Reiz für fast alle Menschen als absolute Lebensgefahr ausgewertet und der Betroffene ist für mehrere Sekunden zur Bewegungslosigkeit verurteilt.

Ähnliche Folgen treten ein, wenn ein Streifenbeamter urplötzlich in eine Rohrmündung schauen muss. Bei einem solchen Reiz muss damit gerechnet werden, dass der Beamte ohne ein entsprechendes Training **nicht** reagieren kann. Zu der vermeintlichen Gefährlichkeit kommt auch noch das Überraschungsmoment. Trifft eine gefährliche Situation auf einen völlig ahnungslosen und unvorbereiteten Kollegen, so verlängert sich die Reaktionszeit. Extreme Beispiele haben mit schwächeren gemeinsam, dass sie den Menschen vorübergehend reaktionsunfähig machen. Kommt noch ein Überraschungsmoment hinzu, so kann die Reaktionszeit nochmals erheblich verlängert werden. Gerade in der Schießausbildung und im Training der Eingriffstechniken muss diesem Reaktionsproblem entscheidende Bedeutung zukommen.

VII. Erhalten der Leistungsfähigkeit bei emotionaler Belastung

Die Emotionshöhe ist auch aus völlig anderer Begründung wichtig für die Bewältigung von Alltagssituationen. Sie beeinflusst, zum Teil erheblich, die situative Leistungsfähigkeit. Je komplizierter eine Tätigkeit, die verlangt wird, desto geringere Emotionshöhe reicht aus, um zu versagen oder ungesteuerte Affekte auszulösen. Für die Durchführung einer Aufgabe ist ein gewisses Maß an emotionaler Anspannung günstig. Zu wenig wie auch zu viel vermindern die Leistung und führen letztendlich zum totalen Versagen

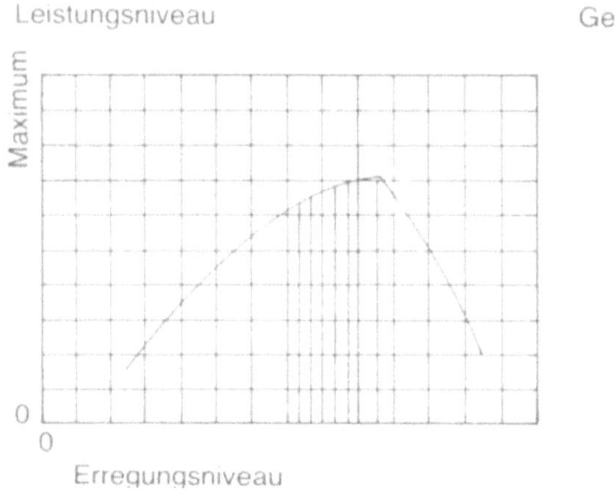

Das gestrichelte Feld bezeichnet das Gebiet der optimalen Leistungsfähigkeit in Abhängigkeit von emotionaler Belastung. Wie zuvor schon geschildert, sind individuelle Unterschiede und die verschiedensten Faktoren ausschlaggebend, dass sich dieser Leistungsberg" hinsichtlich der Höhe wie auch hinsichtlich der Breite ständig verändern wird. D.h. von Person zu Person, von Aufgabe zu Aufgabe, von Tag zu Tag wird sich dieses optimale Leistungsfeld anders darstellen. Das versteht sich eigentlich von selbst. Man ist nicht jeden Tag gleich leistungsfähig und reagiert auch nicht jeden Tag gleich auf Reize. Eine besondere Bedeutung kommt jedoch der Aufgabe selbst zu. Um das komplizierte Wirkungsgefüge der einzelnen Faktoren etwas aufzuhellen und diese Kenntnisse auf den Polizeiberuf anwenden zu können, ist es ratsam, grob vereinfachend, die Aufgaben in drei Kategorien aufzuteilen: in leichte, mittlere und schwere Aufgaben.

Leichte Aufgaben sind in diesem Zusammenhang:

Motorisch => Laufen, Schlagen
Geistig => Auswendig aufsagen, Zahlenreihen auszählen, Wiederholung häufig geübter und ausgeführter Tätigkeiten usw. Das kann im Einzelfall auch die Unfallaufnahme, die schon jahrelang ausgeübt wird, sein, aber auch die Führung von Funkgesprächen, Handhabung der Waffe oder ähnliche Tätigkeiten

Mittlere Aufgaben sind:
Motorisch => Koordination von Arm und Bein, wie es z.B. beim Hinaufklettern einer Leiter erforderlich ist, einfache Schlag- und Abwehrkombinationen.
Geistig => Gelerntes auf neue Sachverhalte anwenden. Das trifft zu bei der Anwendung von Tatbeständen auf Sachverhalte oder der Beurteilung von Gefahrenlagen im Polizeirecht. Hier zeigt sich schon, dass durch ein bestimmtes Training aus schweren bzw. mittleren Aufgaben leichtere gemacht werden können. Ein langjähriger Fachlehrer wird die Anwendung von Tatbeständen auf Sachverhalte sicherlich als einfache Aufgabe betrachten. Der Polizeischüler sieht das sicherlich anders. Für ihn stellt sich das Geforderte als mittlere Aufgabenqualität dar.

Schwere Aufgaben sind:
Motorisch => Hochsprung, gezielt schießen, **komplizierte** Hebel-, Wurf- und Kontertechniken
Geistig => Neue kreative Lösungen suchen. Denkbar sind solche Aufgaben auf allen Entscheidungsebenen des Polizeidienstes. Bei einer Geiselnahme beispielsweise muss das zur Führung eingesetzte Team neue, kreative Lösungen suchen. Die alten Lösungen aus anderen Sachverhalten passen in der Regel nicht. Genau so schwierig ist eine Aufgabe für eine Streifenbesatzung, wenn sie ohne jede Vorbereitung urplötzlich vor eine zeitlich dringende Aufgabenerledigung gestellt wird

Wird in die Beurteilung der Leistungsfähigkeit jetzt als zweite Dimension die Emotionshöhe mit hineingenommen, so ergeben sich folgende Schaubilder:

Zahl der Versuche,
um die Aufgabe
zu erlernen

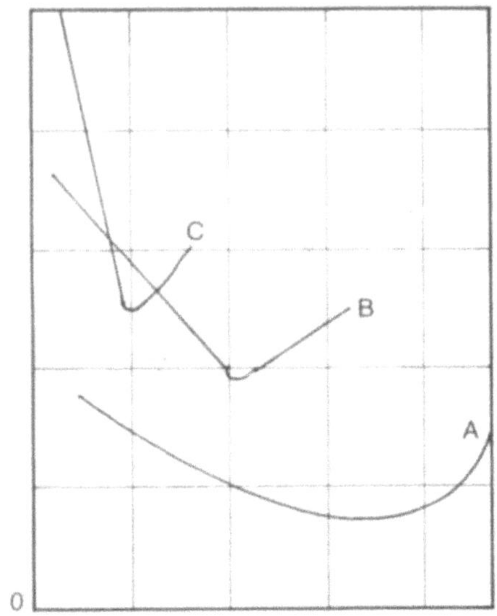

Vorteile/Nachteile
Unter Stress

Leistungsniveau und Erregungsniveau

C	−	−	−
B	0	−	−
A	+	0	−
0			

A leichte Aufgabe
B mittelmäßige Aufgabe
C schwierige Aufgabe

Aus diesen Schaubildern kann man ersehen, dass sich ein Leistungsvorteil nur bei geringer Emotionshöhe ergibt. Schon bei mittlerer Erregung wird es unter Umständen zu Leistungseinbußen kommen. Ist die Emotionshöhe extrem stark, so muss mit erheblichen Leistungseinbußen bei allen Aufgabenerledigungen zu rechnen sein. Das bedeutet motorisch Laufen kann der Mensch in jeder Erregungssituation, aber geistig kann er sich bereits beim Auswendig-Aufsagen verhaspeln, sich beim Auszählen von Zahlenreihen verzählen und völlig durcheinander geraten. Viel folgenschwerer ist es bei der Erledigung mittlerer und schwieriger Aufgaben Einbußen bei allen Aufgabenerledigungen zu rechnen sein. Das bedeutet motorisch:
Darüber hinaus ergibt sich aus dem Schaubild, dass es

zwei verschiedene Ziele, Wirkrichtungen eines Trainings geben sollte. Einmal können aus schwierigen bzw. mittleren Aufgaben leichtere gemacht werden, das ist mit einem häufigen Training möglich. Zum anderen muss aber **auch zusätzlich** trainiert werden, die Emotionshöhe nach Möglichkeit in den Griff zu bekommen

8. Integration der Problemfelder in ein Training

Beim plötzlichen Reagieren wird zunächst die Situation durch situative Reize gesteuert. Im Laufe der Handlung erst ist es dem Polizeibeamten unter Umständen möglich, die Fremdsteuerung aufzuheben, und jetzt die Situation selbst zu beeinflussen und zu steuern. Dieses Ziel, die Situation möglichst frühzeitig wieder selbst zu steuern, ist nur durch eine integrative Trainingsanlage, d.h. Berücksichtigung aller Bereiche, möglich. Um nicht drei bzw. mehrere verschiedene Trainings durchführen zu müssen, ist es für die angesprochenen Fachbereiche erforderlich, integrierende Teile mit in ihre Planung einzubeziehen. Hierzu einige Vorschläge:

Bei der Übung in den einzelnen Fachbereichen sollten mindestens vier Bereiche grundsätzlich mitberücksichtigt und mit geübt werden.

1. Mentale Einsatzvorbereitung
2. Absprache
3. Kollektive Instruktion
4. Positive Selbstinstruktion (Autokommunikation)

Das bedeutet allgemein, dass auch in der Schießausbildung oder auf der Judomatte gesprochen werden muss mit dem Teampartner, mit dem polizeilichen Gegenüber, evtl. auch vertreten durch eine Pappscheibe und zusätzlich der Trainierende mit sich selbst. Diese Kommunikation sollte, um auf alle Bereiche eine Wirkung auszuüben, eine spezielle Qualität haben und bei **jeder** Übung mit trainiert werden

Mentale Einsatzvorbereitung

Gemeint ist hier eine individuelle Gedankentätigkeit. Es ist erforderlich, die antizipierte Einsatzsituation in einzelnen Schritten vorwegzudenken. Dabei müssen bisherige Erfahrungen aus der Vergangenheit mitberücksichtigt werden. Hierzu ein Beispiel:

Eine Streifenbesatzung, die einen anderen Fahrzeugführer verfolgt, setzt sich im Laufe der Verfolgungsfahrt neben das Fahrzeug. Spätestens während des Vorganges sollte der Fahrer wie auch der Beifahrer sich klarmachen, dass sie beispielsweise jetzt gerammt werden könnten und sich darauf vorbereiten. Besser wäre es natürlich, wenn dies kurz vorher **und** in der Situation erfolgen könnte. Die gedankliche Einsatzvorbereitung müsste aus mehreren Einzelfaktoren bestehen:

Der Kollege müsste zunächst gelernt haben, welche speziellen Folgen auftreten, wenn sein Fahrzeug gerammt wird. Diese Erfahrung mitnehmend, muss er sich jetzt in vielen Situationen des Einzeldienstes dieser erinnern, und sich als dritten Schritt speziell im akuten Fall darauf vorbereiten. Hier treten üblicherweise redundante Faktoren auf, d.h. häufig gedachte Gedankenketten werden vom Gehirn schnell entlarvt und abgebrochen. Das soll hier nicht passieren. Die einzelnen Schritte und Folgen **müssen** minuziös bis zum eigentlichen Einsatzende schrittweise ins Bewusstsein gehoben werden. Ein solches "gedankliches" Training kann auch zusätzlich allein trainiert werden.[30]

Unterstützt durch "Bilder" (Filme, Videos, Dias) kann eine Handlungsfolge aus allen Gebieten von Kommunikation, Eigensicherung, Schießausbildung, Taktik und Führung nach den schon im Sport bekannten Methoden des mentalen Trainings eingeübt werden. Besonders geeignet erscheint dieser Teil für Situationen, die wegen ihrer Gefährlichkeit und zu starken emotionalen Beteiligung nicht in einer Übung nachgestellt werden können (SEK-Lagen, Unfälle usw.).

Diese Trainingserfahrung und die daraus resultierende Gedankenarbeit muss bei jeder anderen Trainingsarbeit **mit** geübt werden. Ziel soll es sein, dass diese Methoden dann als selbstverständliches Handwerkszeug auch im Alltagshandeln eingesetzt werden. Dieser kleine dargestellte Trainingsteil beeinflusst alle Problembereiche, die bisher angesprochen wurden. Die Reaktionszeit verändert sich, wie auch die Handlungsmuster sich situationsangepasster und vernünftiger gestalten werden. Auf das Beispiel bezogen bedeutet das, dass der Kollege jetzt sofort reagieren kann, wenn das Fahrzeug tatsächlich gerammt werden sollte. Darüber hinaus wird er mit ziemlicher Sicherheit beim häufigen Üben auch richtig reagieren, was vorher beim Fehlen dieser Trainingseinheit nicht sicher gewesen ist. Weiter hat diese Art der Einsatzvorbereitung auch erheblichen Einfluss auf die Veränderung -der Emotionshöhe. Ein so vorbereiteter und trainierter Kollege wird sich durch einen solchen Vorgang erheblich weniger stressen lassen und dadurch die Möglichkeit haben, vernünftiger und qualitativ besser zu reagieren. An diesem Beispiel ist auch gut zu erkennen, dass solche Trainingsarbeit auch auf das Rollenverständnis und Einstellungen durchschlagen wird

Werden die "möglichen" Folgen gedanklich durchgegangen, so ist

---

[30] Genauere Instruktionen gibt es im Sportbereich: Mentales Training oder erstes Manual für Fahr- und Sicherheitstraining Polizei NRW

der Entschluss qualitativ besser abgewogen als mit üblichem "Jagdfieber". Die Reaktionszeiten werden signifikant kürzer sein. So kann es natürlich auch dazu kommen, dass der Kollege **nicht** neben das Fluchtfahrzeug fährt, weil die Folgen nicht akzeptiert werden können. Diese gedanklich-mentale Vorbereitung gilt sinngemäß auch für andere Einsätze, z.B. das Eindringen in eine Wohnung zur Festnahme eines Straftäters. Auch hier müssen einzelne Schritte minuziös durchdacht und eigene Reaktionen mitberücksichtigt werden. Diese Trainingseinheit kann auch im Training selbst gedanklich erfolgen. Es sollte jedoch in der Anfangszeit laut gesprochen werden. Das ergibt folgendes Bild:

Diese gedanklich-mentale Vorbereitung gilt sinngemäß auch für andere Einsätze, z.B. das Eindringen in eine Wohnung zur Festnahme eines Straftäters. Auch hier müssen einzelne Schritte minuziös durchdacht und eigene Reaktionen mitberücksichtigt werden. Diese Trainingseinheit kann auch im Training selbst gedanklich erfolgen. Es sollte jedoch in der Anfangszeit laut gesprochen werden. Das ergibt folgendes Bild:

Eine Streifenbesatzung, die eine bestimmte Aufgabe im Bereich Eingriffstechniken/Selbstverteidigung durchführen soll, wird zunächst mit der Situation vertraut gemacht. Danach sprechen die Kollegen sich ab. Es folgt jetzt von jedem einzelnen eine gedankliche Vorwegnahme des vermuteten Einsatzgeschehens und eine entsprechende Einstimmung auf die Vorgänge. Danach wird erst der übliche Trainingsteil der Eingriffstechnik/ Selbstverteidigung - beispielsweise ein Abführgriff – geübt.

Absprache

Hier ist gemeint, dass die Trainingsvorhaben möglichst im Team, wie es auch im Streifendienst üblich sein sollte, durchgeführt werden. Diese kollegiale Absprache beinhaltet zum einen eine Aufgabenteilung, auf der anderen Seite aber auch eine Abstimmung taktischer Überlegungen. Damit wird im Einzelnen erreicht, dass der Faktor Neuheit eines Reizes zum Teil aufgehoben wird, da er ja zumindest angesprochen worden sein wird. Zum anderen werden durch das Übernehmen von Teamarbeit auch ein anderes Rollenverständnis und eine angepasste Einstellung übermittelt. Gleichfalls kann eine solche grundsätzliche Beachtung dieses Bereiches zu einer individuellen anderen Erfahrung führen. D.h., dass alte Erziehungs- und Konditionierungsinhalte durch die partnerschaftliche Absprache auf Dauer verändert werden können. Man fühlt sich berechtigterweise sicherer und wird damit automatisch auch bessere Erfahrungen machen, die diesen Lernschritt verstärken. Um es noch einmal mit anderen Worten klar zu sagen:

Jede Übung, sei es auf der Judomatte auf dem Schießstand oder im Klassenraum, sollte die partnerschaftliche, kollegiale Absprache und die anderen Teile fordern, auch wenn es für die Übenden komisch oder redundant sein sollte. Diese aufkommenden Zweifel hätten sie im Leistungssport nicht.

Kollektive Instruktion

Aus der Absprache und der mentalen Einsatzvorbereitung ergeben sich für jeden individuelle Schwerpunkte. Als dritte Trainingseinheit soll nach Möglichkeit der Kollege seinen Streifenpartner auf besondere Schwerpunkte aufmerksam machen, ihn auf diese Bereiche einstimmen. Das kann im Einzelfall so aussehen, dass er sagt: " ... denk bitte daran, genau auf alles zu achten" oder "bereite dich darauf vor, dass ich plötzlich bremsen muss" oder "lass uns besonders vorsichtig sein, ich fühle mich unsicher“ Die drei bisher vorgestellten Trainingsteile können aber im Einzelfall, z.B. einem ängstlichen Kollegen, zu einem ungünstigen Ergebnis führen. Die Beschäftigung mit vermeintlichen Folgen und Einsatzschritten wird einem ängstlichen Kollegen sicherlich nicht beruhigen. Deshalb muss **unbedingt** der vierte Bereich mit hinzugenommen werden.

Positive Selbstinstruktion

Hier ist wieder eine individuelle Einzelleistung gefragt. Der Kollege soll sich selbst Instruktionen geben. Diese Instruktionen müssen grundsätzlich positiv motivierend sein. Sie können im Einzelfall drei Bereiche umfassen, um Stress, Erregungserhöhung und Verlust der

Selbstkontrolle abzublocken
:

- positive Selbstinstruktion
- Relativierung der Situation
- Verständnis für den anderen

Diese positive Selbstinstruktion sollte mit der kollektiven Einsatzvorbereitung und den anderen Bereichen verbunden werden. So ergibt sich das Trainingsbild, dass in jeder Situation die Kollegen mit ausreichender Zeit diese vier Inhalte gesamtheitlich austauschen und vorstellen. Sie können ohne große Probleme auch miteinander verwoben werden. Je normaler und selbstverständlicher dieser Vorgang abläuft, umso besser wird er beibehalten.

Zusammengefasst:
Das Training dieser vier Einzelbereiche plus Training der einzelnen Fachsegmente wird auf alle Bereiche Wirkung zeigen. Zum einen wird es die Einstellung zum Beruf, zu den Aufgaben und zum Rollenverständnis gegebenenfalls positiv verändern. Im zweiten Bereich wird es wie bisher zu einer höheren Handlungssicherheit kommen, und als letztes wird die Reaktionsfähigkeit, zum Teil ganz erheblich, verbessert und die Emotionshöhe positiv beeinflusst. Das bisher Diskutierte und Vorgeschlagene wurde nacheinander vorgestellt. Es soll jedoch nach Möglichkeit an drei verschiedenen Stellen eingesetzt werden.

Vor, in und nach der Situation. So ergibt sich folgendes Bild (Ausgangsbeispiel = Angriff

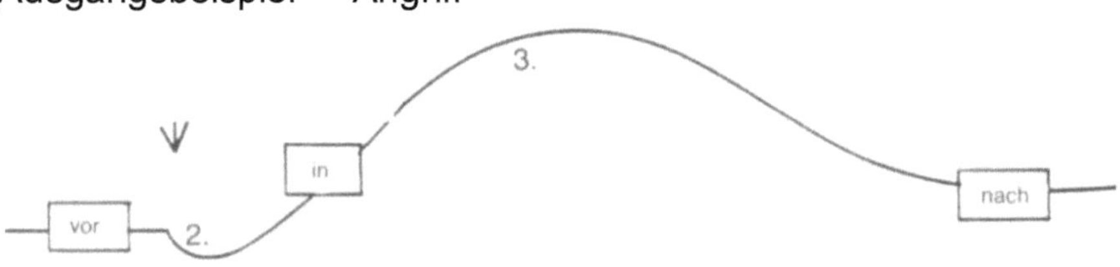

Vor der Situation:
Mentale Einsatzvorbereitung, Absprache,
Kollektive Instruktion und Positive Selbstinstruktion
In der Situation:
So oft es geht bis Einsatzende:
- Positive Instruktion
- kollektive Instruktion
- wenn nötig erneute gedankliche Einsatzvorwegnahme der möglichen weiteren Aktionen und erneute Absprache

Nach der Situation
Im diskutierten Zusammenhang ist es von außerordentlicher Wichtigkeit, dass eine Einsatznachbereitung stattfindet. Das gilt auch für den Streifendienst; d.h., nach einem solchen Einsatz müssten die Kollegen sich über den Einsatz unterhalten. Gedacht ist hier an eine Verstärkung positiver Verhaltensweisen. Deshalb muss auch dieser Inhalt mit trainiert werden. Der Schwerpunkt soll auf positiven Dingen liegen. Die Kollegen sollten sich gegenseitig bestätigen, was ihrer Meinung nach gut funktioniert hat. Noch zu verbessernde Dinge sollten als neuer Vorsatz formuliert werden. Als Abschluss wäre eine erneute positive Selbstinstruktion denkbar, um auf neue Einsatzsituationen positiv einzustimmen

Da in der Erwachsenenbildung der direkte Nutzen einen wesentlichen Faktor für den Motivationsbereich darstellt, kann es durch diese integrierte Aus- und Weiterbildungsform zu einer anschaulichen Erfolgsnähe für Kollegen kommen.

Der Beamte wird sehr schnell erfahren, welchen Nutzen für sich selbst eine derartige Arbeitsweise haben wird. Der Unterschied zwischen Theorie und Praxis kann hier weitestgehend aufgehoben werden. Darüber hinaus wird - auf lange Sicht gesehen - eine professionelle Rollenauffassung gefördert und die Reaktionsfähigkeit erheblich verbessert.